母子市场营销

如何向4I4L进行营销

[美] 大卫·L.西格尔 蒂莫西·J.科菲 格里高利·利文斯顿 著

赵欣 译

南方出版社

版权登记号：图字 30-2013-158

图书在版编目（CIP）数据

母子市场营销：如何向4i4l进行营销 ／（美）西格尔，（美）科菲，（美）利文斯顿著 ；赵欣译. — 海口：南方出版社，2014.10
书名原文：Marketing to the new super consumer mom & kid
ISBN 978-7-5501-1517-0

Ⅰ．①母… Ⅱ．①西… ②科… ③利… ④赵… Ⅲ．①市场营销学 Ⅳ．①F713.50

中国版本图书馆CIP数据核字(2014)第182408号

母子市场营销 如何向4i4l进行营销

[美] 大卫·L.西格尔（David L. Siegel）、蒂莫西·J.科菲（Timothy J. Coffey）、格里高利·利文斯顿 (Gregory Livingston) /著　　赵欣/译

责任编辑：	师建华　代鹤明	
出版发行：	南方出版社	
地　址：	海南省海口市和平大道70号	
电　话：	（0898）66160822	
传　真：	（0898）66160830	
经　销：	全国新华书店	
印　刷：	北京中科印刷有限公司	
开　本：	700mm×1000mm　　1/16	
字　数：	199千字	
印　张：	14	
印　数：	1—4000册	
版　次：	2015年4月第1版第1次印刷	
书　号：	ISBN 978-7-5501-1517-0	
定　价：	46.00元	

新浪官方微博：http://weibo.com/digitaltimes

目 录

前言

第一部分　市场现状

第一章　母子新型消费者

20世纪早期的育儿情况 / 9

20世纪中期的育儿思想 / 10

20世纪70年代的育儿思想 / 10

呼唤纪律 / 12

90年代以及21世纪初的育儿理念 / 13

第二章　改变的发生

街上的新潮孩子 / 15

家中的新型妈妈 / 23

新型妈妈的生活 / 27

她们所缺乏的 / 34

必然结果 / 39

未来的妈妈是？ / 40

第三章　四眼四腿型消费者（4i4l）

妈妈主导的互动方式 / 46

孩子主导的互动方式 / 48

完全依赖阶段 / 49

怀孕期 / 50

婴儿期 / 52

有条件的依赖阶段 / 54

学龄前期（2~5岁） / 55

儿童期（4~7岁） / 56

相互依赖阶段 / 58

第四章　母子动力，走向双赢

妈妈的动机 / 63

孩子的动机 / 65

卡夫方便套餐的故事 / 68

第五章　4i4l消费者的决策过程

孩子对妈妈的影响 / 73

孩子对儿童产品购买的影响 / 75

孩子对家庭用品购买的影响 / 78

孩子对大人专用物品购买的影响 / 79

故事的全部 /80

不是每个妈妈都喜欢孩子的帮助 / 84

孩子同意，他们也有部分决定权！　/ 85

妈妈对孩子的影响 / 88

受商品种类影响的母 / 子影响力 / 93

第六章　母子4i4l消费者市场

4i4l消费者能潜在影响的商品有多少？　/ 99

这是一个怎样的市场？ / 101

4i4l消费者能消费多少？ / 102

孩子是购物主角的其他原因 / 105

第七章　4i4l消费者的思维方式

从出生到2岁的时期 / 110

3~6岁的儿童时期 / 111

7~12岁的少年时期 / 115

青少年时期 / 117

第二部分　营销技巧

第八章　4i4l消费者营销

第九章　深入洞察——研究你的4i4l消费者

有关焦点小组的建议 / 125

挖掘洞见的其他技巧 / 129

观察 / 130

第十章　如何拦截消费者——4i4l消费者和媒体

今天的孩子与媒体 / 135

"我的主张"娃娃 / 141

第三屏 / 146

多任务处理 / 147

妈妈与媒体 / 150

拦截哪一部分4i4l消费者（孩子或妈妈）？ / 155

如何拦截 / 157

青少年，另一码事 / 161

第十一章　吸引法则——如何交流

如何吸引孩子 / 167

眼光高的孩子 / 181

如何吸引妈妈 / 181

第十二章　激励消费者

什么是新事物？　/ 188

在4i4l消费者中见效卓著的促销活动 / 189

新产品 / 194

第十三章　不同寻常的4i4l消费者营销案例

零售业 / 199

休闲与旅游行业 / 201

汽车产业 / 204

家庭内部设计及装饰 / 207

作者简介 / 210

前言

俗话说，想俘获男人的心就要先俘获他的胃。在本书中我们认为，想俘获妈妈的心，则必须先俘获她的孩子。不管她的孩子是婴儿、儿童、少年还是青少年，今天的妈妈们都立志要尽自己最大的努力当最好的妈妈。因此，这意味着她做的事情，购买的商品，对家庭的要求都是围绕一个中心展开的，那就是她的孩子。

帮助妈妈教育孩子，喂养孩子，抚育孩子，以及最最重要的——帮助她成为孩子眼中最棒的妈妈，你就会是妈妈眼中的英雄。

这些年来，我们全身心致力于让许多全国领先的消费品商和服务商增加对孩子的了解，包括怎样向他们营销，以及为什么这种做法是值得的。在过去的大约 25 年间，我们一直坚信并传播着这样一种理念，即了解今天的孩子，以有效且有趣的方式向他们进行营销，这样既能提升孩子们的生活质量，又能促进公司的发展壮大。今天我们仍然全心全意地信奉这一点——更重要的是，我们已经目睹各行业的儿童用品公司通过实践这种理念而获得了成功。

但是，在过去的几年中我们仍清楚地看到，儿童营销的方式，以及在营销中顾及孩子的行为仍然是凤毛麟角。

这本书将向你介绍一个全新的、强大的理念，有关一种新型消费者的理念。孩子在妈妈的生命中占据了非常重要的地位，而在我们即将为你展现一些有趣的场合中，妈妈和孩子几乎成了一个整体，共同对今天的许多商品和服务的购买施加影响。

> 在我所成长的环境中，大人们包揽了一切决定，而孩子们不由分说，只能遵守。我不赞成这种做法，我用与之完全相反的方式教育我的孩子。孩子们在成长阶段需要学会自己作决定，那么在他们长大以后，他们才能做出更好的决定。我的孩子能自己决定很多他们生活中的事情，我很欣赏他们的好主意，他们还会帮助我在家庭决策中处理得更好。
>
> 2~4 岁女孩的妈妈
>
> 奇迹组织（WonderGroup）儿童影响力研究

以上的这番话大致可以概括我们的一项发现，那就是今天的妈妈与她们的上一辈人有着截然不同的育儿理念。这段话，以及书中出现的许多其他的引用都是从我们在 2005 年所做的一项母 / 子影响力调查中摘录出来的，这项调查由 800 名妈妈以及她们 2~14 岁的孩子共同参与。我们将这项研究与我们多年来在不同领域的广告和咨询经验（这其中包括许多在食品、饮料、玩具、旅游、娱乐、零售、美容保健、家居装饰，甚至家庭清洁用品方面的领先企业）结合在一起，为你奉上这本书。

我们的目的是让读者意识到一个简单的事实，那就是今天的妈妈和孩子已经成为消费领域的合伙人。妈妈想为孩子提供最好的东西，这其中包括教育孩子，让他们意识到他们有权自己做选择、作决定——并且，他们的决定是有效的！

　　本书的第一部分将为你介绍这种新型消费者，其产生的原因与方式，在经济上的影响力，以及这种消费者的思维方式。第二部分将为你提供一些选择，帮助你更深入地探究这个市场，制订自己独特的媒体营销计划、创意计划以及促销计划，开发出最适合目标市场的产品。

　　在此对读者诸君表示由衷的感谢！

作者

2005 年 8 月

第一部分
市场现状

第一章 母子新型消费者

"嘿！你在和我说话吗？"一般在两种情况下你不想听到这句话。第一种情况（对我而言），是当你独自一人走在夜晚漆黑无人的巷子里。而第二种情况则更接近我们讨论的话题，就是当一个顾客用这句话问你的时候。这表明她完全没明白你的产品、促销宣传，或者你所传达的消息是针对她这种消费者的。

我们都知道，好的市场营销始于对顾客的深刻了解。如何界定你的顾客，无论是对产品的开发、促销宣传还是广告营销都至关重要。你的目标消费者是妈妈、爸爸、孩子、青少年、还是小男孩或者小女孩？我们应该如何思考，行动和应对？一些儿科医生错误地认为有孩子的家庭就是你的消费者。其实不然，家庭是一样东西，东西是没有购买能力的。

当目标消费者是能够与各种不同的产品或服务构成消费关系的一对母子时，界定你的消费者就变得尤为困难。你的目标消费者到底是其中的妈妈还是小孩？你可以从我们的书名大致猜到，许多时候两者皆有。但是，你将马上以一种特殊的方式开始了解这种最近才被理解且非常有潜力的消费者组合，而这种方式将开启你的视野，让你目睹一种全新的、更加行之有效的营销方式。

有一种历史悠久的营销策略，它被广泛地运用于家庭消费的大多数商品和服务中，那就是将这些商品直接面向家庭主妇或者家庭里的妈妈角色进行推广。毕竟，这些女性通常才是最终购买的人，她们会开列购物清单，并且也亲自操办购物活动。

虽然大多数妈妈都有自己的工作，但她们的购买力却很少受到影响。妈妈掌管着 80% 的家庭开支。她们仍然是家庭主妇的中坚力量，她们自己也将这一角色看得无比重要。

"妈妈"的角色在女性的生活中占据了举足轻重的地位，这已是重要的事实。但令我们感到疑惑的是，许多营销者在面向女性消费者进行促销宣传时，从一开始就忽视了这个事实。许多营销者都对面向女性消费者的营销感兴趣，而同时却不顾及这样一个事实：年龄在 25~49 岁的女性中，有 36% 已为人母。而 30 岁左右的女性中，有一半以上是年龄在 12 岁以下的孩子的妈妈！

EPM 通信公司 [1] 的《女性营销》一书的一位作者恰如其分地谈到："虽然影响女性消费者行为的因素是浮动的、有层次性的，但拥有孩子这一个因素对女性的生活习惯、生活态度有着深刻的影响，以至于部分营销者认为这是改变女性购物习惯最重要的因素。"

事实上，2005 年 4 月在芝加哥举行的女性营销会议上，我们做过一份报告，在会议上我们是唯一指出女性同时也是妈妈的人。因此，当我们把这样一个如此简单明确的事实呈现在与会者眼前，加之这一事实对任何想要向女性推广产品和服务的营销者都非常重要，你可以想见许多与会者都大跌眼镜。

如果一个想向女性营销的公司，确确实实地记住了他们要锁定的消费者是一个同时具备妈妈身份的女性，那么他们就会看到其中的巨大空间，以及许多高效便利的方法，而这些足以吊起这部分女性顾客的胃口。如果一个产品或服务能以任何形式被家庭消费，或者以任何形式影响一个家庭中的年轻成员，那么"妈妈"的角色将在大多数情况下主导决策。换成你来思考这个问题，你会发现的确有许多产品和服务是能够被影响的。这其中有银行、家居装饰、旅游、汽车、医药、美容与保健、教育、医疗服务，当然还有食品和饮料。

有关妈妈的话题已经说得够多的了，而马上你将会在本书中看到，小孩子自己也已经成为一个同等重要的购买决策者。大约在上个世纪 80 年代末期，一

1　译者注：EPM Communication Inc. 提供营销领域、消费者行为、零售业、授权和采购的研究和趋势追踪。

个旨在强调孩子在家庭购买决策中潜在影响力的新营销运动已经初见端倪。在1987 年出版的《儿童消费者：一些启示及意义》一书中，作者詹姆斯·U. 麦克尼尔博士把孩子作为合理的市场营销对象，从而让许多营销者大开眼界。这本书动用大量篇幅论证，让业界了解到孩子的巨大影响力不仅存在于他们自己有限的购买活动中，而且在于他们能够强有力地影响家庭购买决策。因此，营销者们第一次开始认识到，应该将更多的产品和服务直接面向孩子营销。

受麦克尼尔著作的影响，许多公司开始直接面向孩子营销。这些公司不仅有传统生产糖果、玩具以及麦片的公司，还有食品、饮料、旅游、娱乐、美容健康、科技，甚至是家用汽车领域的公司！同样重要的是，媒体也开始对这一规模不小的受众加以利用。网络电视也加入到有线电视、音乐电视的队伍中为儿童服务。更为重要的是，这一趋势产生了许多以儿童受众为主的新型电视节目以及儿童杂志。

而自从麦克尼尔的书出版以来，营销顾问和广告公司纷纷把目光聚焦孩子市场。包括我们，也开始将一些关于美国孩子的"恼人因素"或者欧洲孩子的"纠缠压力"[1] 作为背景知识教给公司。比如我们的《青少年消费机器》、阿卡夫和赖尔的《儿童买什么，以及为什么》和麦克尼尔后续出版的《儿童市场调查：谬误和现实》一书，它们和之后 15 年内陆续开展的儿童市场营销会议一道，对儿童以及他们恼人的纠缠能力大加赞赏。有一则流传甚久的箴言是这样说的："向孩子打广告，他们就会缠着妈妈买东西！"

但是现在情况却有了新的变化。在过去几年中，我们见证了一个关于妈妈和孩子处理他们购买决定的巨大改变。一个奇迹发生了。原先"撒娇的、矫情的"孩子以及"被动的、受损失的"妈妈的现象变得不那么明显了。妈妈和孩子二元对立的时代结束了！

1　译者注：Nay factor、Pester power，指儿童通过吵闹使父母为其购买特定产品或带他们去特定餐馆的能力。

妈妈和孩子是敌人的说法已经过时了

不同以往的是，现在我们看到的是一种新型的母子关系。它不再以妈妈和孩子的对立为特征。现在的情况正在变成妈妈和孩子的统一战线。这样的一种顾客关系（或者说伙伴关系）非常紧密以至于我们可以把一对母子看成一个人，像图中这样在臀部相连，形成一个"四眼四腿"的顾客——一种能够影响全美范围内每年超过一万亿价值的商品和服务的超级顾客！

四眼四腿消费者

妈妈和孩子总是不停地讨论各种事情，比如去哪里吃晚饭，买些什么学习用品，甚至是去哪里度假。2004 年的全国青年调查"协商一致的孩子"显示，现在的妈妈（或者父亲）总是在孩子的领域上重申他们自己的看法，而孩子也更有可能在许多事情上征求父母的同意或建议。现在的孩子几乎与他们的爸爸妈妈同呼吸，共决定了。

父母和孩子之间的互动行为模式与他们中任何一方的单独行为模式都不相同。朗本河·鲁斯特博士是一位儿童市场的研究顾问，他在 1994 年的 SRI 儿童市场营销会议的演讲中给我们举例展示了这一现象。在他的例子中，他谈到了妈妈不会单独给孩子购买新奇产品，而孩子自己也不会单独购买这样的产品，因为孩子在这方面的天性是保守的，他们大体上会选择他们已知的事物。但是如果妈妈在场的话，她会安慰孩子，并且打消他们对从未体验过的新产品的种种顾虑，因此这类产品对孩子来说就变得更刺激、更有趣。而因为有孩子在场，妈妈感到开心，而看到孩子喜欢一个产品时甚至会很激动。这直接导致了一个结果——母子二人把它买了下来！

许多营销者，一旦涉及有关现在的妈妈的问题，总是会忽略掉一些关键的事实。

首先，妈妈对孩子的情感变化感同身受。当孩子对一个产品咯咯发笑，开怀大笑，或者表现出任何程度的满意时，她们会欢喜得不得了。任何有孩子的人都知道这一点。你将体会到从孩提时代起就一直没有让自己体会的那种感受！就像我们常说的那样："为人父母就是再当一次孩子！这是生命里相当难得的体验。"我们的一位经理，两年前离职当全职妈妈，最近给我们打电话分享她的心得。她是这么说的：

> 你知道吗，我经常纳闷：为什么妈妈们总是忍不住会为自己的孩子买一些东西。我总觉得自己绝不会为孩子买开心乐园餐之类的东西。但是现在，我得承认，虽然凯尔只有两岁，并且从来没有提出过什么要求，但我还是忍不住要给他买一个开心乐园餐，只是为了能看到他脸上惊喜的表情和眼里的欢乐。

第二，父母总是和孩子站在同一边。给孩子买东西，让孩子快乐的过程中妈妈也能得到快乐。事实上，她拥有一个基本的需求，那就是取悦她的孩子，并强化她是一个好妈妈的事实。就像一位妈妈在我们的调查焦点小组的发言里所说的：

> 总有一天我将不再给我的孩子买东西了，所以现在我喜欢给他们买，因为这会让他们开心，也会让我开心，并且他们会觉得你简直太让他们感动了。

第三，他们确确实实地感受到了教育孩子的巨大需要，并且，教育他们成为好的消费者也是父母的职责所在。妈妈在作相关决定时思前想后，确保孩子的安全，以此鼓励孩子去尝试新鲜事物。

> 我利用带着孩子买菜的契机帮助她学会自己做出健康的选择。买一些物品而非食品，让她学会服装的色彩搭配，并且我们买这些东西是根据我们的需要，而不是出于我们的购物欲。她从 3 岁起就是一个非常精明的小购物者了。
>
> 3 岁女孩的妈妈

要想从这种新型的母子关系中得到一些启迪，我们应该首先明白这一改变和我们第一次看到育儿方式的改变是有很大不同的。

萨布里那·尼利博士目前在俄亥俄州迈阿密大学营销专业任助理教授，他提出了一位"家长"是一个个体、一个小团体，甚至是一个集体的产物的观点。一位妈妈的过往和经历决定了她是怎样的一个人，并且可能影响她对养育孩子方式的选择。而小团体中其他成员的经历（比如另一名家长、家庭成员或者亲密朋友的经历）也时常被口口相传，它们可能成为，也可能不会成为妈妈制订育儿"方式"的影响因素。另外，家长还是一个社会集体的产物，是处于社会对她和孩子的规范和期望下的产物。宗教的、政治的，以及民族的影响可能对她造成干预，其他潜在的影响因素还包括由个人、教育机构，以及大文化环境下的媒体所提供的信息。

　　社会公认的儿童成长方面的权威"专家"一直以来给父母提供指导和咨询。在美国的中产阶级家庭中，父母总是从儿科医生那里获得儿童成长和行为方面的信息。20 世纪 90 年代末期的一项针对美国父母的研究显示，儿科医生是父母最主要的消息来源（占整个调查中的 42%），紧接着是儿科医生撰写的书籍（占 20%）。而朋友（占 16%）和家庭（占 6%）只占了全部影响力和消息来源的很小一部分（出自哈克尼斯等 1996）。

20 世纪早期的育儿情况

　　在 20 世纪的转折时期，当时普遍流行的观点是：人类的行为是由基因决定的，并且一般情况下不受人为的控制和改变。约翰·华生——心理学界"行为主义"流派创始人，极大地挑战了这一说法，他声称人类的行为是可预见、可操控的。他在 20 世纪 20 年代以一个儿童为实验对象所做的研究表明，儿童的各种情绪反应可以从习惯养成，甚至可以被"教会"。这些研究确立了一点：人类行为是可以后天塑造的，因此在本质上可以被改变。华生在儿童行为方面的权威地位由此大为提高，他的思想也影响了一代又一代家长，使他们不断尝试"塑造"孩子，以达到他们的理想目标（出自克雷恩 1992；华生 1924）。儿童的行为被严格地控制了，惩罚手段屡见不鲜，家长以这种方式把孩子塑造成为"合乎规矩的"大人。当孩子们可以理所当然地行使孩子的权利时，妈妈们却有权力在各项事务上设立重重规定。相反，孩子们在十几岁之前，一旦有任何独立的决策能力或表现出参与决策的需要，都不会为大人所认可。

20 世纪中期的育儿思想

20 世纪 30 年代，本杰明·斯波克博士和他的著作《婴儿与儿童保健》给人们带来了与众不同的全新育儿观。这位儿科医生成为最具知名度、备受信任的育儿专家，他的著作也成为当时最广为传阅的育儿书籍。马丁·T. 斯坦因博士认为，医学博士斯波克在 20 世纪的影响广泛而深远，他的书籍被译成多国文字，并且不断再版，为新一代的家长提供了育儿的金科玉律。

斯波克博士打破了传统的说法，宣称事实上儿童在很小的时候就开始追求独立。而在谈到让孩子守规矩时，斯波克博士指出，父母并不需要通过强制主导来确保孩子们做出好的行为。他主张父母可以表现得友好，但是要态度坚定，对于自己的意见要前后一致，因为他们知道什么对孩子而言是好的。他是第一个建议家长给孩子机会自己作决定，并且让孩子掌握主动权的人，但同时也要求家长保有强有力的领导地位，并且要求孩子的礼仪和配合。

当时，美国正从二战后崛起，进入婴儿潮时期，国民教育得到提升，人均收入增加，人民的社会经济地位不断上升，大众消费水平也得到提高。这些新情况的出现使得斯波克博士警告家长，不要随意答应孩子的请求，也不要过分宠溺孩子。他还认为家长很容易因为罪恶感而过分宠爱孩子，因为父母总是希望自己的孩子能够拥有他们之前不曾拥有过的东西。他们最害怕的就是孩子从别人口中听说，或是自己觉得没有得到父母的爱。

20 世纪 70 年代的育儿思想

就在斯波克博士的育儿思想在世纪之交变得影响力十足，并且作为育儿方法的历史性转折而大行其道的时候，育儿思想再一次出人意料地发生了改变。这一次，主体是四五十年代的婴儿潮生人，他们长大后成为时髦的 X 一代

（GenXers）的父母，展现在他们眼前的是不断变化的社会思潮。七八十年代的育儿哲学反映出，这些正在急剧发生的变化是在动荡的 60 年代滋生的，它还直接影响了成年人和父母的世界。这一代人的许多关于权利平等的理想也体现在他们允许孩子有更多的选择自由，以及注重孩子心理层面培育的抚养方式上。另外，儿童成长和行为方面的"专家"圈子也由纯粹的儿科医生扩大到心理学家、老师和宗教领袖等。

1974 年，约翰·霍尔特出版了散文集《逃离童年》。在书中他提倡给孩子以成人一样的权利——比如选举权、工作权、财产权、旅行权、选择监护人的权利、掌控自己学习的权利、驾驶的权利，甚至是使用药品和进行性行为的权利。虽然这一观点显得十分激进，但他的潜在前提是：儿童不应该被区别对待，也不应该得到比社会上任何一个成人还差的待遇。

在 20 世纪 70 年代末兴起的自尊运动（self-esteem movement）极大地改变了人们对成人与儿童之间互动的看法。这一观点认为，儿童有能力接受生活的挑战，并且理应享有幸福。该观点的产生促使了数之不尽的育儿书籍付梓印刷，这些书籍均不强调儿童的纪律性，不提倡对行为进行约束，而是论述应该怎样提高儿童的自尊心。这一理念指出，自尊心强的孩子会自然而然地做出积极的个人行为，包括出色的公开表现。这些观点同时也引起了许多学校大规模地改变课程设置，校方把树立自尊心的课程添加到课程安排中。这一思想导致了家长经常无端地表扬孩子，不允许孩子在活动中感受到失败或缺乏参与感。虽然这种方法对改变孩子的世界观、人生观和对他人的看法有很大的帮助，但是在 90 年代和 21 世纪到来之际，它也成为一根无往不利的避雷针，甚至成为一些孩子为"坏行为"所找的借口。

呼唤纪律

作为对70年代一些十分激进的，宣称父母是孩子"最好的朋友"，对孩子减少管教的育儿理念的回应，"呼唤纪律"一出现就使全美国的父母感到传统育儿理念的回归。

詹姆斯·杜布森博士充满宗教主义色彩的育儿观念对70年代末期的父母影响很大，他的此类书籍包括《敢于管教》。就像杜布森在1978年出版的著作《意志坚强的孩子》中提到的那样，"儿童会或多或少地被深爱他们的家长的全方位管教所害的观点，绝对是'傻想法'列表中的头一名……这些'高效育儿训练'反权威的观点与圣经教义背道而驰。儿童在学习顺从于上帝权威的过程中，首先需要学习服从（而非反抗）父母的管教。"

杜布森对于纪律和管教理念的宗教式回归，以及他屡见于市场的著作和对其他宗教人士著书立说的影响，使他的理论在21世纪到来之际成为拥有强大影响力的育儿理念。

相似的情绪也扩散到了育儿图书领域，虽然宗教教义在其中的影响并不明显。"儿童在他们能开始处理自由的问题之前，需要确立安全感，而它只能由父母清楚执行的规定带来。"这是来自新一代育儿专家的共同呼声（出自凯恩1984）。与凯恩持类似观点的作者倡导父母关注孩子的自尊，但同时也要掌握平衡，比如制订清楚明白的行为准则，规定什么事不可以做，并且能够包容相关决定和行为产生的自然结果。

上世纪80年代，妇女在获得大学学位和进入工作岗位的数量上迎来了巨大转变，同样巨大的改变也发生在家庭结构和儿童在家庭事务中的责任增长上。与此同时，儿童消费者所带来的影响和机遇变得日益突出，营销者们纷纷把目光转向儿童，越来越多的广告讯息也直接投向儿童群体。最终，迅猛发展的新通信技术带来的国际咨询的畅通、全球电视的普及，以及90年代的因特网等等翻天覆地的变化登上了舞台。

90 年代以及 21 世纪初的育儿理念

就在 20 世纪逐渐接近尾声，新世纪的钟声即将敲响之际，各种育儿理念看似走上了一条"中间道路"。这一趋势体现在推崇父母的强有力且关爱有加的指导上，而不是对惩罚的青睐；规范孩子的行为，但同时也允许孩子在不同的成长阶段有独立决定的自由。X 一代妈妈们不约而同地看到了她们父母当年所犯下的错误，并且发誓不能重蹈覆辙。信息传递的通畅度提高，沟通的便捷意味着女性同样在扩大她们所知道的"专家"范围，其中可能有其他的妈妈［比如女友指南（The Girlfriends' Guide）以及其他在线论坛］，甚至传媒人士（比如脱口秀女王奥普拉和知名主持人菲尔博士）。

今天的媒体也抓住一点当下为生存而挣扎的一代成年人是"糟糕的家庭教育"的结果，并大肆鼓吹社会对"更聪明、更优秀的"父母的迫切需要。让我们稍稍回想一下，自尊还是 20 多年前的时髦词汇，被育儿专家、心理学家和教育学家一路捧红，信众们认为那些自我认同度高的学生会更加幸福，并且会最终成功。沙朗·捷森在《今日美国》[1]撰文写道，这种自尊文化已经在家长心里根深蒂固，以至于他们把保护孩子不遭受失败当做信条遵守。伴随着空洞无物的褒奖——"做得真棒！"，一代孩子长大了。她还谈到，在 20 世纪七八十年代间出生的孩子们现在已经长大成人，观察家指出，他们遭受一点批评就脸红，受到一点挫折就崩溃。

现在我们已经来到新的世纪，而眼下似乎没有一个主流的方案或者"最优"方案可供家长们选择。民族、信仰、家庭结构以及家庭情况的多样性造成在育儿方面没有一致的最佳的做法。育儿领域的专家不再只是医师、心理学家或者教育专家。任何人，只要有直接的儿童抚养经验都可以成为"专家"。有工作的妈妈、全职妈妈、少数族裔妈妈、单身妈妈、城市妈妈、名人妈妈，甚至连电视保姆都在推销他们自己的育儿理念。而对于每一个不同的理念和方式背后，

1　译者注：*USA Today*，美国民众最经常阅读的报纸之一。

都会有一个妈妈辛苦寻觅的身影。

有如此多的育儿新观念可供选择，其中有一点可以确定，那就是在绝大多数情况下，今天的妈妈和孩子似乎成为一种联系更紧密的实体——尤其对于今天的营销者来说——这其中的决策过程也关系到购买商品或服务的结果。

而最重要的是，我们相信这种新型的母子关系——我们把它叫做四眼四腿消费者，将在新千年商品和服务的营销领域带来一些新的理念和规则上的改变。我们将在本书的后续部分贯穿这一讨论。

一些建议

• 当开展针对女性的营销计划时，务必考虑到她们还有可能是妈妈。寻找一些可以从中充分获利的方法。

• 在当今育儿领域关键权威缺失的情况下，许多妈妈都在寻找成为更好妈妈的方法。一些能够给妈妈提供重要育儿信息的营销传播方式应该会深得她们的欢心。

第二章　改变的发生

要透彻地了解这一全新的 4i4l[1] 消费者带来市场影响的可能性，理解母子联盟产生的原因及方式将非常重要。

新型消费者的改变是如何发生的？简单地来说，孩子变了，妈妈变了，并且妈妈的需求也变了。这使得一个新的解决方案呼之欲出。

街上的新潮孩子

今天的孩子和几年前的孩子已经大不一样了。这些区别足以让他们在向妈妈建议购买商品时更加自信，并且在购物时使用他们从各处吸收的资讯。

● **他们受电脑影响**。贯穿全书的一点就是，电脑对今天的 4i4l 消费者的影响无孔不入，它改变了他们接受和给予资讯的方式，改变了营销者与消费者之间的沟通方式，甚至改变了消费者（特别是孩子）处理信息的方式。根据家得宝公司[2]2005 年的返校调查显示，10 个 6~11 岁的孩子中有 8 个孩子在家使用电脑。如今有 60% 的家长认为，使用电脑是他们的孩子取得成功的关键

1　译者注：四眼四腿母子消费者的简称，下文及本书的后续章节将统一使用该简称。

2　译者注：美国家得宝公司 Home Depot，全球最大的家居建材零售商。

因素。

• **他们接受更好的教育。** 千万不要低估了电脑和科技对孩子的影响，它们让孩子学习得更快更多。2001 年,《不让一个孩子掉队法案》[1] 让美国迎来了一项挑战，那就是帮助每一个儿童获得更高阶段的教育。要取得挑战的成功，其中重要的一点就是提高学生的电脑操作能力。在 2003 年，当时的教育部长罗恩·佩吉宣称:"通过利用科技,我们可以扩大学习的途径,缩短取得成就的差距。"现在，从后勤办公室到教室，许多学校都有效地运用了科技，以更好地服务今天学生的各项需求。

网日[2] 在 2003 年所做的一项研究中发现,基本上所有的学生都认为网络曾帮助他们更好地完成学校作业。而其中有87% 的学生认为自己在使用因特网方面达到了中级到专家级之间的水平。有大量的青少年学生称他们在近一个学期的成绩单上取得的 A 比前两年要多。

学生们描述成绩单变化情况

	2003 年 5 月	2002 年 5 月	2001 年 5 月
大部分为 A	32%	22%	20%
A，B 各半	35%	35%	33%
大部分为 B	7%	8%	8%
B，C 各半	19%	23%	26%
C 及以下	7%	12%	13%

数据来源：全国青年状态调查，2003~2004，霍雷肖·阿尔杰基金会

今天的青少年同样在社会服务中受到教育。高中学校对关系到毕业的社区服务经验有了比以往更多的要求。有趣的是，今天有一半以上的高中学生认可这一点。而根据霍雷肖·阿尔杰基金会的调查，有四分之三的学生拥有志愿者

---

1 译者注：*No Child Left Behind Act*，是由小布什在 2002 年签署的教育改革法案，该法案号称是对 1965 年以来美国实施的《中小学教育法案》进行的最彻底的一次改革。

2 译者注：Netday，美国的一家非营利性的教育技术机构，主要职能是有效地利用信息技术帮助教育人员实现教育目标。

经历或社区服务经历。

今天的孩子也接受了更多商业教育的熏陶。从做 PPT 演示，在学校的各个"社团"工作，到接受父母指导的各项商业操作，孩子们正耳濡目染经商之道。在 2005 年 6 月，一篇纽约时报的文章《听着，孩子，在今天的商场中你必须强硬》中，作者朱丽叶·比克指出连果汁摊也成为孩子们进行商业投机的地盘。青年成就组织[1]目前拥有一个网络学生中心，专门提供商业计划样本、视频，以及一个在线商业游戏。布拉德·考夫曼是 JA 的一名发言人，他的发言被引用在网站的文章中："越来越多的孩子年纪尚小就有学习商业技术的热情，他们的父母应该在一旁提供帮助。"

● **他们有更多的事要做**。如今的孩子，不像他们的长辈那样当年总是被大量可自由支配的时间所困扰，在 6~11 岁的儿童中，有 70% 想要能够自由地支配的时间。事实上，根据罗珀青年调查，有大约三分之一（30%）的儿童表示他们没有足够的自由时间，同时他们也感到自己没有足够的隐私。当下的青少年面临的也应该是同样的情况，他们表示目前花在做作业上的时间比以往任何时候都多。大约有一半（47%）的青少年表示一周做作业的时间达到 6 个小时——与去年同比增长了 10 个百分点。14% 的青少年表示每周要花 10 个小时甚至更多的时间做功课，这些调查结果来自霍雷·肖基金会。

那么，当现在的孩子有自由的时间可支配的时候，他们会拿这些时间来做

深受 6~11 岁儿童喜爱的各项活动的比例	
体育运动	60%
玩电脑	51%
读书	48%

数据来源：西蒙斯儿童用品（Kid Simmons），2004 年秋季

6~12 岁儿童去年所做的各项活动的比例	
骑自行车	65%
游泳	61%
滚轴溜冰	41%
保龄球	41%
篮球	36%
钓鱼	35%
足球	32%
棒球 / 全球	32%
跳舞	31%
滑板运动	23%

数据来源：西蒙斯儿童用品，2004 年秋季

1　译者注：Junior Achievement Organization，简称 JA，全世界最大、发展最快的非营利教育组织，在全世界 100 多个国家开展经济和商业教育，每年有 700 多万青少年接受 JA 的课程。

什么呢？显而易见的是，真要感谢电脑，他们有更多的事可做了。以往的业余时间由运动和阅读各占一半，而现在孩子玩电脑的时间却足以与它们两者的总和相匹敌。好消息是现在的孩子都是全方面发展的。虽然玩电脑已经成为主要的娱乐方式，但是体育运动仍然还是孩子的最爱。

因此，电脑虽然给了今天的孩子更多可以在家做的事，但了解到他们并非完全处于网虫的蛰伏状态还是令人鼓舞的。事实上，2004 年的罗珀青年调查显示，孩子的健康程度和体格表现都呈上升趋势，报告指出"过去一星期中表示自己做过运动、慢跑，或去健身房的孩子的比例与这项调查在 1997 年开始时得到的孩子的肯定回应比例相当"。根据《儿童体育画报》的调查，64% 经常做运动的青少年和 20 岁左右的年轻人都认为保持健康和积极运动是极为重要的。

谈到体育运动，现在的孩子们仍然参与那些流行了很多年的活动项目。骑自行车、游泳、滑冰都是年轻人热衷的体育活动。在较年长的少年和青少年之中，篮球、足球以及橄榄球都是排名靠前的选择。

• **媒体的影响更加无处不在**。如今孩子成长所处的媒体环境与他们父母当时的情况当然不可同日而语。如今的年轻人对于新技术完全没有陌生和畏惧。作为例证，今天的 8~17 岁的孩子中有一半以上表示他们认为新技术"很令人激动并且我会尽可能多地使用它"。根据罗珀调查，这种现象只出现在如今三分之一的成年人当中。

但是，最为重要的是，今天孩子所处的媒体环境与 5 年前的孩子所经历的也是大不相同。凯瑟家庭基金会在 2005 年 3 月的调查中披露了一些细节，其中谈到"个人电脑的降价，高速上网的用户增多，更大更清晰的电视屏幕，DVD 播放机的高读取速率，便宜可得的数字电视和数字音乐设备，以及音乐文件共享"都是过去 5 年间发生的。从 6 个月大的婴儿到 6 岁的儿童，如今在看电视，玩电脑和电子游戏上的时间已经和他们在户外玩耍的时间一样多了。

为了了解时下的新闻事件，现在的高中生事实上更乐意从电视或电脑上获取信息，而很少借助传统的新闻媒介。然而，虽然他们使用媒体资讯的频率很高，但他们对于媒体传播的信息却更有怀疑精神。根据网日的调查，每 5 个学生中只有 2 个表示他们对于媒体的报道是信任的。

结果是，今天的青少年每天暴露在不同媒体中的平均时间为 8.5 小时——他们经常一次使用不止一种媒介，如电视、网络、收音机或者纸媒。玛莉莲·艾利亚斯在《今日美国》撰文称，许多教育专家如今认为，这种快节奏的媒体会影响儿童集中注意力的能力。我们可以从中推断，这一现象并不仅仅发生在学校，而是伴随着营销者们带来的各种信息发生的。

● **他们是更精明的消费者**。今天的孩子与他们的长辈相比，在购物方面更精明。这里面的原因众多，其中一部分是由于他们对网络的熟练运用，一部分是由于在学校的新教育法中，老师需要提醒学生网络中有真相也有谎言（每个人都可以在网络上发表言论），一部分也由于他们的妈妈们教给了他们更好的购物方式。如今的孩子还会在网络上搜索更多信息，在广告中甄别真假信息或令人误解的信息，因此在作出决定和建议时比父母更加自信。正如罗珀青年调查所反映的："美国青少年的生活方式是一边天马行空地在梦想中飞翔，一边脚踏实地地专注于现实。在某种程度上，他们体现了更严肃的一面，但是他们的这种做法却未曾丢失他们宝贵的'童真'精神。"

现在的孩子们在多媒体环境下不得不进行多任务（multitask）处理方式，导致孩子的大脑比成年人的大脑更能适应不时的变换，以便他们在不同的内容间进行交替关注。这一结果最近已被证实。而孩子们智力测验的分数也在稳定提高。这些测验一般是用来衡量一个儿童转移和分散注意力的能力以及解决问题和理解问题的能力。萨姆·古德斯坦是供职于犹他州立大学的神经生理学家，他在接受《今日美国》采访时谈到，今天的孩子"的确更聪明"。

谈到这里，我们需要记住的是，今天的孩子学得更多也更快，他们变成了十分强大而精明的消费者，也变成了妈妈十分重要的合伙人。

● **他们是网络行家**。还在一年以前，我们就和许多儿童市场营销咨询师一样，警告过我们的客户不要对网络市场投资过多。这件事情的真相是，虽然一些孩子流连于网络，但其中并没有那么多的孩子在网上购物。而那些网购的孩子事实上也不会在网站上停留太多时间，他们浏览的网页也较少，不会对其中的广

有校园网络的学校所占的比例	
1995	50%
1996	65%
1997	78%
1998	89%
1999	95%
2000	98%
2001	99%

数据来源：教育数据中心，美国公立学校和教室的网络适配

应父母要求在网上查询产品信息的孩子所占的比例	
年龄	
9~11 岁	25%
12~14 岁	45%
15~17 岁	65%

数据来源：《新千年影响》扬克洛维奇青年调查，2005 年

告太过留意。

但是在上一个 10 年中，我们已经看到了电脑在教育中的角色已经从幕后来到了台前。根据哈里斯互动调查，如今的教育专家将电脑和网络整合成为学校课程，这使它们在校园和课堂中都颇受欢迎。而这一点，反过来使得不少家长购买电脑和购置网络设备，以便孩子能在家上网。毕竟，没有家长想让孩子在接受教育方面落后于其他的孩子。

事实上，如今的孩子十分享受网络，他们已经成为"信息时代"的实质参与者和影响者。再者，格伦瓦尔德联营公司的一项儿童、家庭和网络调查研究表明，在 2000 年，全国 8~12 岁的儿童中，上网人数只有今天的一半。当今的儿童上网者人数已大幅蹿升。根据罗珀调查报告，儿童上网者中的 79% 表示经常在家上网，而其中的 45% 使用了高速网络连接。事实上，就还在几天前，我 5 岁的孙女指着她的海绵宝宝水杯上一个很小的版权声明说道，那是海绵宝宝的邮箱地址。然后她又告诉我她从未见过长得这么奇怪的邮箱地址！

对于营销者来说，尤为重要的一点是，如今的孩子在上网查询有关商品的讯息和服务时，有大部分时间是处于家长的指导和监督之下的。而根据扬克洛维奇青年调查，这种受约束的程度在近两年内大幅度回升。

这些新兴的网络小专家们，还带着他们特有的好奇天性和对成人教条的无知无畏，因此他们总有新的方法来获取信息，通过新的渠道来实现沟通，以及用新的手段来自娱自乐。

• **他们的玩具也进化了**。现在的孩子们对新鲜的刺激总是满怀期待，并且还

想将其迫不及待地收入囊中，这一猎奇心态在他们玩玩具和游戏的过程中无形地得到了强化。他们喜不自胜地陶醉于 GBA[1] 和 PS2[2] 的游戏中，而对传统的棋盘游戏、人物公仔和猜谜游戏少有问津。只要一个小女孩拿起她的 GB 掌机，让她再为她的芭比娃娃穿衣打扮是不太可能了。这种势头持续到 2004 年底，电子游戏制造业的营销额上涨了 7%。这一年的佳绩可以大书特书，而传统玩具的销售日益惨淡，足足下降了 5%。

　　NPD 调查报告指出，有大约一半的 4~5 岁儿童已经开始玩电子游戏，还有 20% 的 3 岁儿童也加入了他们的行列。人物公仔曾经还受到 12 岁男孩的喜欢，现在却只是 6 岁及以下孩子的玩具。一项最近由方诺索菲咨询公司进行的调查表明，现在 6~8 岁的儿童中只有一半以下会选择传统玩具而不是电子产品。这一比例在十几岁的青少年中降至 25%。

　　• **孩子的消息更灵通**。有了联系人列表、手机，以及其他即时启动的通信设备，现在的孩子们较之从前可以更迅速也更频繁地传播信息。根据罗珀调查，现在有 20% 的儿童拥有自己的手机。而这些孩子的好友列表中大多数都有 200 多个联系人。而且，现在也有了即时通信功能。根据亨利·J. 凯瑟家庭基金会的调查，即时通信作为一项电脑功能在 5 年前还很少被孩子使用，而现在它已经成为最受孩子欢迎的电脑功能之一。

　　凯瑟家庭基金会还称："目前有 36，000，000 个用户名在 AIM[3] 上显示在线，而这其中有 25% 是 17 岁以下的青少年用户。"并且"每天有数以 20 亿计的即时短讯在虚拟空间里收发——这里的用户可是各个不同年龄层次的人"。

　　• **孩子要求更多的话语权**。新技术以及由营销者市场推广带来的逐渐增多的关注，使得今天的孩子比以往任何时候都期望得到更多关注和参与度。再者，因特网的普及使得孩子们可以前所未有地畅所欲言。打个比方说，尼克频道[4] 会

1　译者注：Game Boy Advance，任天堂公司的新一代掌上游戏机，是 Game Boy（GB）的新一代产品。

2　译者注：日本 Sony 旗下新力电脑娱乐 SCEI 家用电视游戏机，现今最有名的家游产品之一。

3　译者注：American Online（AOL）Instant Messenger 美国在线即时通信软件，类似于 MSN。

4　译者注：Nickelodeon，是美国知名的有线电视频道，主营儿童节目。

让孩子们每天通过网络对不同话题进行投票。同时，一年一度的尼克最受儿童喜爱奖是通过孩子向他们最喜爱的明星投票而选出的，这一奖项的追逐已经成为业界颇受瞩目的盛事。2005 年尼克最受儿童喜爱奖的评选中，在网上获得统计的有 18，000，000 份选票，其中有 200，000 份现场投票是给《未被发现的最佳天赋》栏目的。在节目播出的那一天，Nick.com 吸引了将近 700，000 的浏览者。以至于我们在该网站上为一个客户所做的宣传，要求儿童选出对不同餐食的喜爱程度，也获得了几万份儿童网络投票，这其中甚至还有 3 岁小孩的投票。

• **他们更倾向于达成共识**。最重要的一点，与我们 4i4l 消费者的行为一致的是，今天的孩子们更倾向于与父母一起把事情解决好。事实上，2004 年的罗珀青年调查把今天的孩子称为"协商一致的孩子"，并总结道"今天的孩子是与 10 年前出生的上一代完全不同的群体"。

在今天的孩子身上，"家庭"观念比他们的长辈要强很多。大约 4 个孩子中有 3 个表示他们会经常和父母交流生活中发生的一些好玩的事情，这在年龄 6~17 岁的孩子中并不少见。根据扬克洛维奇青年调查，如今不同年龄段的孩子称自己和家庭成员一起做的事情比 5 年前相同的调查显示的结果要多。

你经常 / 偶尔和家庭成员一起做的事情

	6 ~ 11 岁		12 ~ 14 岁		15 ~ 17 岁	
	2003 年 vs 1997 年		2003 年 vs 1997 年		2003 年 vs 1997 年	
看电影	90%	+4	85%	+67	4%	+8
户外运动	74%	+13	73%	+10	67%	+18
棋牌游戏	NA	NA	80%	+8	68%	+16
电子游戏	61%	+5	58%	+7	47%	+7
网络 / 电脑游戏	53%	+20	51%	+13	48%	+12

数据来源:《新千年影响》，扬克洛维奇青年调查，2005 年

家中的新型妈妈

知道现在的孩子与几年前的孩子已大不一样，这还只是了解了故事的一半，因为今天的妈妈们也与以往的妈妈们没有太多的共同点。从她们身上的纹身(32%的 X 一代妈妈们都有)，到她们不可一日无网的生活，再到她们与孩子积极互动的习惯，这足以说明你看到的并不是你自以为了解的妈妈们!

无所不在的迹象表明，妈妈的角色已经无可置疑地经历了相当大的转变。如今的妈妈与婴儿潮出生的年轻妈妈不再一样。正如名为《你的妈妈是谁》(该文章登载在 2004 年 6 月《儿童广告营销》上) 这篇文章中所写的，"我们正处于从婴儿潮妈妈向 X 一代和 Y 一代新新人类妈妈交接的十字路口"。2005 年，在所有 0~17 岁孩子的妈妈们中，只有三分之一是婴儿潮时代出生的，而大部分的妈妈都是 X 一代人。X 一代是指从 1965~1976 年间 (也有人说 1979 年) 出生的人，他们现在的年龄在 30~40 岁。现在初为人母的妈妈们的平均年龄大约在 25 岁，年龄在 5~15 岁的孩子们现在都把他们的妈妈称为 "X 女士"。

> 婴儿潮妈妈的时代已经过去了，营销者应该留意到过去的妈妈与今天新时代妈妈的区别。
>
> ——萨布里那·尼利和蒂姆·科菲
> 来源：《你的妈妈是谁？》儿童广告营销，2004 年 6~9 月

如今的妈妈大部分是由 X 一代（甚至是 Y 一代）而不再是由婴儿潮妈妈所构成的这一事实，产生了比我们想象中更多的影响，这可比拼字游戏的结果要复杂多了! 让我们一起来看看为什么今天的妈妈们会如此不同，以及她们都在哪些方面别具一格。

人们常说阅历是最严酷的老师，头一回给你的是考验，接下来你得到的是教训。那么我们只需要从这些妈妈们成长时期的阅历里得到一些参考，就能了解为什么她们在做妈妈的方式和态度上都打破常规、特立独行。

● **婴儿潮父母的影响**。当今天的年轻妈妈们还是孩子的时候，她们在婴儿潮父母的独特影响下成长。不幸的是，这影响却是消极的：父母们只管自己，不管孩子或者家里的事情。阿佩尔联营公司的道格拉斯·亚当指出"今天的 X 一代妈妈们出生于历史上公然抵制小孩情绪最高涨的时期"。流产、生育控制超过了自然分娩，成为更受赞赏的生活方式。而孩子们被认为是突然侵入的障碍，妨碍了父母的自我探索。

● **平等权利修正案**。当现在最早的一批 X 一代父母们还在家中蹒跚学步时，他们的妈妈已经被同辈人那套女性有职责和需要把大部分的精力投入到做一个成功的、有事业的职业女性的理论所压迫。在 1967 年，全国妇女组织（ NOW ）成立，并竭尽全力为获得平等权利修正案（ Equal Rights Amendment， 简称 ERA ）的批准而奋斗。

全国妇女组织为获得 ERA 的批准而作出了有力的政治斗争这一事件成为贯穿整个 X 一代最重要的女性议题。X 一代的妈妈们，也就是婴儿潮出生的年轻妇女，随着 ERA 不断得到国会议员的同意和各州的批准，自身也感到有越来越充足的理由促使她们不断在工作中"证明自己"，直到当时的总统竞选人罗纳德·里根在 20 世纪 80 年代中期积极地反对了它的通过——这大概是最后一批 X 一代刚上幼儿园的时期吧。

● **教育**。不像她们的婴儿潮妈妈，在孩提时期所上的第一课就是"家庭经济学"，也不会像她们在找工作时，会想"也许做个秘书吧，只是也许，或者是护士也行，另外牙医卫生员也是可以的"。今天的妈妈们受上天眷顾，能够在早年的教育中就高瞻远瞩，将高等教育和职业选择纳入人生规划的图景。她会被告知，自己将来有希望成为细胞生物学家、业务主管、律师、医生等等中的一员。

有了早期教育的更好准备和以成功为己任的婴儿潮父母时常挂在嘴边的劝诱，X 一代妈妈更有可能去大学深造。今天有超过 50% 的 X 一代妈妈们至少通过了大学教育。根据克劳迪娅·沃琳在时代周刊发表的文章指出，2001 年，41% 的 X 一代妈妈拥有 MBA 学位，43% 拥有医学学位，47% 拥有法学学位。

● **校园体育运动**。当时的政府为保障校园里男女生拥有进行体育活动的平等机会，制定了相应法规，这使得 X 一代比起她们的妈妈更有机会得到体育锻炼带来的益处。关于儿童成长的研究经常提到，体育锻炼对孩子的男性心理层面(诸如领导力、自信心、团队活动能力以及竞争力)的发展多有裨益。现在，我们可以看到，这些影响在 X 一代女孩身上已经逐渐明显起来。

● **独自在家**。由于父母经常忙于处理自己的公务，或者投身于其他自我实现的活动，今天的年轻妈妈们成为历史上最不受家长监督的一代。她们总是自己一个人在家。不像自己的妈妈那样，今天的年轻妈妈没有一个总是呆在家的妈妈在下午的时候监督她，或者看着她在家附近的区域随意玩耍。她也极少有兄弟姐妹的陪伴。实际情况是，她是第一代"挂钥匙的"孩子[1]。

结果显而易见，当还是儿童的时候，今天的妈妈就需要更多地依赖于注重心理方面或较为被动的活动。电视和电话成了她最好的玩伴。许多人相信，由于家长的缺席，给今天的 X 一代妈妈的生活带来最主要影响的就是她的电视机。那么她都看哪些电视节目呢？她所看的都是推崇强大而互相关爱的家庭价值的电视节目！《X 一代的电视》一书的作者罗波·欧文谈到，X 一代所看的电视节目中收视率最高的就是《脱线家族》(The Brady Bunch)，同时位列前五名的还有《快乐的日子》(Happy Days)《家的纽带》(Family Ties)，以及《大草原上的小木屋》(Little House on the Prairie)。(《爱之舟》(Love Boat)是位列前五名最佳收视节目中唯一不同类的节目。)

● **不稳定的家庭关系**。不幸的是，如今的妈妈都心知肚明，那一句"直到死亡将我们分开"对葬礼比对婚礼更适用。每两位 X 一代妈妈中就有一位曾经在儿时亲眼目睹自己的家庭因父母的离婚而支离破碎，而所有的妈妈都看到过自己好友的家庭因离婚而瓦解的经历。

● **电视 /MTV**。这是 MTV 的一代。不像她们的妈妈那样，小的时候电视最多也就三个频道，X 一代是第一批经历电视爆炸时代的人。20 世纪 70 年代末，当最后一批 X 一代妈妈们步入青少年时期，有线电视开始面市。到了 1981 年，当

1　译者注：指父母都上班而随身带着钥匙的儿童。

今天最年轻的 X 一代妈妈还没到上幼儿园的年纪时，MTV 就已经出现。难怪现如今的妈妈们总是对广告中的音乐和画面更有鉴赏力和批判眼光。

●**儿童营销出现**。在今天的 X 一代妈妈们正茁壮成长时，另一个现象出现了——这就是儿童营销。虽然儿童营销的手段确切地说并不是在她们那一代才有的事物，但是它无可否认地在当时达到了前所未有的新水平。在婴儿潮出生的孩子的童年时期也有一些有关他们的广告和促销的出现，但那只是基础营销，相关产品也是最基本的糖果、玩具、麦片，以及偶尔出现的饮料广告。这些广告也仅仅出现在当时极少的电视频道中。

但到了 20 世纪 80 年代中期，营销者们开始真正觉察到这一代孩子的巨大影响力以及消费能力。然后"砰"地一下，劈天盖地的产品、服务还有广告都涌现出来，目标都是孩子，并且直接在新的有线电视和网站上播放——比如新的福克斯电视台，它的产生刚好与今天大部分 X 一代妈妈步入青少年的时期同步。

●**科技发展**。正当 X 一代妈妈们处于成长的黄金时代（也就是 20 世纪 80 年代），个人电脑、随身听，以及录像机日渐成为人们生活中的日用品。不像她们的妈妈那般被当时潮流所认为的"时髦"的电动打字机所束缚，X 一代妈妈所掌握的是电脑技术和有关它的一切，这些陪伴着她们的成长。

事实上，当今天的妈妈们在还是大约 12 岁的时候，美国在线新闻网就开始大张旗鼓地群发有关"让美国上线"的邮件。当她们成为青少年，并为上大学作准备时，因特网及其他能够获取更多资讯的渠道已经成为主流。

今天的妈妈和过去不同，她们不再是广播或电视的奴隶，只能被动地听到或是看到各种信息。她们成长于不同的环境，这使得她们有权力和能力去掌控自己想听的音乐和想看的电影。

●**经济因素**。一面看到自己的父母辛苦工作以获得物质上的需求，今天的妈妈们也同时看到盲目相信经济局势会带来的后果。20 世纪 80 年代末，X 一代妈妈们都亲身经历了由 1987 年美国储蓄和借贷公司的倒闭而引起的经济萧条。她们看到道琼斯指数的最大当日跌幅（25%），并且看到这一切使得她们家庭一辈子的积蓄面临重大危机。

● **艾滋病因素**。最后一项，万一今天的 X 一代也想在性方面的放纵自由上重蹈她们父母一辈的覆辙，那么艾滋病将成为她们的最大顾忌。她们的父母，也许至少像报纸上报导的那样，享受着音乐床、轻浮的派对和多个性伴侣，但是这次年轻的妈妈们知道这样做是要付出代价的。当她们刚刚踏入青春期，报纸上就有各种大标题新闻讲述艾滋病是怎样导致人死亡的。

这些还只是年轻妈妈们在青少年时期经历的许多变化中的一部分，随着年岁的增长和阅历的增加，她们从中学会了身为妈妈能够随时运用的技能。

新型妈妈的生活

有了各种不同的经历，今天的妈妈们会有怎样的生活呢？关于这个问题，2004 年秋季西蒙斯儿童调查数据显示，大部分妈妈们（63%）表示她们满意自己现在的生活。但是，注意并不是所有人都看法一致。

● **家庭和母爱至关重要**。还在不久以前，妈妈们仍然普遍对 Enjoli（一款香水）的广告语和音乐有强烈的认同感：

> 女人：我可以在 9 点零 5 分之前就把衣服洗干净，把孩子喂饱，穿戴漂亮，亲吻过爱人，然后出门上班。
>
> 和声："因为我是一个女人……（Enjoli!）"
>
> 女人：我可以买培根回家（Enjoli!），放在平底锅煎熟（Enjoli!），并且永远，永远也不会忘记你是一个男子汉（Enjoli!）。
>
> 和声："因为我是一个女人……（Enjoli!）"

现在的情况已经不同了。妈妈们可不是那个年代的复制品。婴儿潮妈妈们更容易以工作为中心，X 一代妈妈们却更容易两头兼顾或以家庭为中心。难怪已

工作和家庭权重比例，2002			
	工作 为中心	两者 兼顾	家庭 为中心
X 一代时期	13%	35%	52%
婴儿潮时期	22%	37%	41%
婴儿潮以前	12%	54%	34%

来源：《工作场所的辈份和性别》家庭和工作研究所

婚家庭数量自从 1970 年到 1995 年大幅下降以来，1996 年左右又稳步提升到了约 68% 的水平。

今天的 X 一代妈妈已经对于婴儿潮妈妈的是非功过再清楚不过了，并且她们才不要变成那样！在 2003 年的妈妈俱乐部调查中，有 70% 的年轻妈妈称与自己孩子相处的时间多过她们的妈妈当年陪伴自己的时间；有 40% 的年轻妈妈则表示她们的母子相处时间要多更多。总而言之，今天的妈妈们想要成为伟大的妈妈！事实上，和婴儿潮妈妈不同的是，今天的妈妈是无私的——她们爱把孩子放在首位，而自己次之。

不管这些现象是由过去的经历还是由特殊的大事件（比如9·11事件）导致的，对于今天的妈妈来说，重要的事情不是如何把餐具洗得一尘不染，把衣服清洗干净，也不是如何做一顿诱人的大餐。根据《妈妈营销》的作者玛利亚·贝利的说法，最重要的是如何与孩子建立亲密的关系，拓展他们的视野，并让他们在人生的舞台上走得更顺畅，过得更幸福。

2005 年一项由明尼苏达大学以及康涅狄克大学美国价值研究所进行的母性研究发现，不管妈妈的年龄、种族、民族、宗教信仰、地域特征或是受雇佣情况如何千差万别，她们看待妈妈身份的重要程度却是普遍一致的。81% 的妈妈认为，身为妈妈是她们做的最重要的一件事；93% 的妈妈认为对自己孩子的爱是她们从未体验过的，与其他任何一种爱都不同。有一位妈妈是这样说的：

> 我想这样说，并且我绝不反悔——我的孩子就是我的生命。他们是我的天使。如果要拿和他们相处的每分每秒去换取世上任何东西，我绝不会同意。

今天的妈妈们以当妈妈而自豪。看看时尚广告里祖露着怀孕肚子的模特就知道。看看《人物》《时尚》等等杂志封面上的那些女人，她们身怀六甲，分外骄傲。

2002年妈妈俱乐部网站（Clubmom.com）在其网页上做了一项问卷调查，问题是"作为妈妈或者准妈妈，你有什么优势？"排名第一的选项是"这带来了幸福和欢乐。"这一选项被进一步描述为：和孩子共度欢乐时光，教给他们做人的道理以及人生的价值，给他们无条件的爱。

今天，思想更新潮的妈妈们看起来比以往普通的妈妈们更喜欢自己的孩子。2000年由亲子抚育组织（Parent Group）进行的妈妈营销新研究发现，目前最近刚成为妈妈的妈妈们比起12岁以下孩子的妈妈，更有可能对母子之间的关系投入更多。

今天的妈妈对家庭的看重胜过上一辈妈妈的十倍。西蒙斯调查研究显示，89%的年轻妈妈认为，自己享受与家庭共度的时光。根据纽约卡特里斯特调查（Catalyst Group）的研究发现，86%的年轻妈妈认为，拥有一个充满爱的家庭是极其重要的。

与今天的妈妈看重家庭的观念一致的是，她们在行动上会倾向于待在家里陪伴孩子，而那些出门工作的妈妈也基本是为了经济方面的打算。在孩子是婴儿的妈妈中，有45%是不工作的，这比1998年的41%的比例有所上升。在女性的黄金职业发展期，即25~44岁间，每4名妈妈中就有1名是全职在家抚养孩子的。而在那些上班族妈妈中，只有三分之一的人拥有每周固定40小时的工作，并且她们这样做的大部分原因是出于离婚、分居或寡居等。据2005年母性研究发现，在全职妈妈中，大约有一半人更希望有兼职工作，而那些仍然希望工作的女性，她们想拥有更灵活的工作时间。

在这一点上，75%的全职女性在一定程度上表示她们对家庭的重视超过了她们的父母，并且她们也时常劝说自己的上司要理解她们，并对她们予以照顾。而根据《职业妈妈》杂志的调查，甚至于仅仅4年以前，在前100名员工满意程度最佳的公司中，只有30%的公司提供一系列的幼托和灵活的调休机会，而现在基本上大部分公司都有这些措施。在 2005 年的母性研究中还提到，83% 的受访妈妈对于上司给自己各方面的照顾赞赏有加，他们能够配合自己作为妈妈的需要，比如在特殊情况下允许她们带孩子上班；给她们额外的托儿时间；批准她们在家工作或者有灵活的工作时间。

在上一代中普遍存在的"妈咪大战"——在几年前通常发生在外出工作的妈妈和家庭主妇妈妈之间的紧张对立，在这一代中间已经不复存在了。不管是在外工作还是在内持家，许多现代妈妈在工作上需要一个中间地带——让她们感到工作带来的成就感和满足感，但也能允许她们有机动的时间来做好出色的妈妈。

现在的妈妈们在童年时期看到过太多破碎的家庭，她们不想这种情况再出现在自己的家庭和孩子身上。于是，她们变得非常有保护欲。

凯伦·彼得森在 2004 年 4 月《今日美国》上撰文表示，对于婴儿潮妈妈来说，工作代表着地位的提升，但是对于这一代妈妈，在内持家而非在外工作变成了一种新的地位象征。

● 她要一个人包揽一切！但是，做一个伟大的妈妈对今天的这一代女性来说还不够。由于具有良好的教育背景，今天的妈妈们也想拥有一份高收入的职业。上一代妈妈开辟了外出工作和事业发展的先河，这一代妈妈却需要在生活中找到更多的平衡——做到同时是优秀的上班族和出色的妈妈。事实上，根据西蒙斯的数据显示，有大约三分之二的现代妈妈认为，尽力去应付多项任务是十分重要的。

此外，由于今天的妈妈们并不想要像她们的父母那样，最后以离婚收场或变得负债累累，在工作和生活中，她们正努力地寻找目标感和平衡感。

不幸的是，想要包揽一切以及在工作和生活中寻找平衡点，对于今天的妈妈来说谈何容易。根据《研究快讯》，虽然现代妈妈的孩子比起上一代的孩子得到了更多来自父母的关注，但今天的妈妈们在工作上所花的小时数，得到的工资数额，以及工作的周次数量上与上一代妈妈们（也就是 25 年以前）相比并没有太大出入。

X 一代妈妈们抱着想要平衡工作和生活的念头，却在事实上工作了更多时间，这一点不免有些奇怪。事实上，根据全国劳动力变动调查，在双收入并且育有孩子的家庭中，父母的总工作时间每周比过去多了 10 小时，从 1977 年的每周 81 小时，上升到现在的每周 91 小时。

猜一猜这些多出来的育儿时间是从哪里挤出来的？没错，那原本是自己的自由支配时间。在这一点上，爸爸的确在为妈妈分忧。在过去的 25 年间，爸爸每天都牺牲了自己本可以随心所欲安排的 48 分钟用于顾家。减去这些时间，他们最后只剩下每天 1.3 个小时的个人时间。但对于妈妈来说，她们的牺牲完全可以和爸爸匹敌，基本上每天只有 54 分钟奢侈的自由时间。

关于这个话题，我们将在本章后续关于"压力"的部分进行细致的探讨。

● **她很精明**。由于现代妈妈大部分都有大学教育背景，因此她们中的一半以上拥有主管级、行政级或经理级的职位就不足为奇。今天的妈妈认为她们自己是精明的、聪慧的、消息灵通的，并且还认为自己足够勤奋和能够全面发展。根据西蒙斯调查，超过 80% 的妈妈们感到有不断学习新事物的必要，并且对于消息灵通度十分看重。

在这一点上，她有十足的把握该去哪里获得她想购买物品的信息。比如说，西蒙斯研究发现，在健康方面，现在的妈妈们中有三分之一的人会在就医前使用网络搜索治疗信息。我们自己的研究也发现，今天的妈妈们觉得如果是自己建议医生在开处方时用哪些药物，她们会更自在。虽然据调查，一些儿科医生并不认可一些初为人母的妈妈们也采取类似的做法，但是他们还是鼓励妈妈有自己的决定。当然了，有了自己的聪明才智以及在无所不能的网络上施展的信息搜寻法，她对于过去的那些强行推销早已嗤之以鼻。

● **她个性独立**。如今的妈妈在自身的成长环境中，没有太多的家庭陪伴，也很少有兄弟姐妹的嬉闹游戏，她们变得异常独立。根据西蒙斯的数据，大部分的 X 一代妈妈自认为是一个十分自信的人（56%），大约一半的人（45%）自认为很勇敢，无所畏惧。她们并不信任别人（或者说"营销者们"！）

那么她们相信谁？是朋友！她依赖友情，重视友情。难怪情景喜剧《老友记》如此风靡。她信任的还有她自己，并且一向自己拿主意。此外她还信任工作，不过这跟钱无关，而是跟职业有关——还跟自我保障有关，这是因为她从以前听闻的那些离婚父母的教训中得知，不能够完全依赖丈夫的薪水。

能够佐证新一代妈妈个性独立的一个最令人惊叹的数据是，目前有三分之一的产妇是单身妈妈——这比 10 年前的数字翻了一番。

• **她期待自己以及自己的孩子能够有所成就**。她读过大学，所以她也期待自己的孩子读大学。事实上，因为她受过高等教育，所以她对教育更加偏爱。结果是，她会让孩子在她力所能及的范围内尽量先人一步，比如说让他们多收看公共电视台（PBS）的电视节目或者使用跳跳蛙学习系统（Leap Frog Learning Systems）。最新的研究和调查表明，她们了解到一个孩子成长的头几年是最佳的学习时机，导致孩子就读学前幼儿园的比例达到了历史新高。人口调查局在 2003 年有报告称，基本上 60% 合法出生的儿童都曾在学前班就读——在上一代，这个比例只是如今的一半。

事实上，根据西蒙斯的调查结果，X 一代妈妈们在孩子还只有几个月大或者两岁的时候就开始为孩子的大学教育存款，而婴儿潮父母们在孩子 7 岁左右才开始着手教育储蓄。现在 68% 的年轻家长正在为孩子的大学教育存款——人数是上一代家长的一倍还多。

妈妈们想让孩子获得成功，与这一想法一致的是，她也会为让孩子们成为有教养的消费者作准备。因此，正如我们在第一章里提到的，在超市里看到妈妈鼓励孩子自己决定买什么东西并不是什么大不了的事。

> 我鼓励我的孩子和我一起去购物，这样一来她就能够学习如何购买一件物品，如何在不同的物品中选择，以及怎样达成好的交易，等等。经过这些学习她就能成为一个有见识的购物者，不管是在目前还是在将来她将自己独立购买大部分所需物品的时候。
>
> 一名 8~11 岁女孩的妈妈
>
> 来源：奇迹组织母 / 子影响力研究

• **她是视觉动物**。这一代妈妈是真正受到电视影响长大的第一批人，因此她

现在开始学习了！　　　　　　　婴芙乐带给你聪明的每一步

们在对于视觉刺激感到极为享受的同时，难免也会眼光挑剔。如今的传媒专业毕业生都倾向于使用鲜亮的图像、快速的剪辑、大得令人咋舌的镜头角度，或者说他们的父母看了绝不会舒服的东西。事实上，据我们观察，现在许多妈妈们在自己的焦点小组中对婴芙乐[1]的各种印刷广告品头论足，讨论这些广告的表达力度和吸引程度。突然间女性开始热衷讨论照片的质量、效果的简洁度，甚至字体的风格。这正中艺术总监们的下怀！

● **她是网络高手**。她曾是班上第一个有电脑的学生。美国在线刚刚出现时，她是第一批用户。她们中的一些人在大学时期使用网络并依赖网络。因此，在搜索购买商品所需的信息时，自然而然要使用网络。根据2005年西蒙斯调查，今天有一半以上的年轻妈妈表示在作重要的购物决定前会在网上搜索相关信息。

1　译者注：Evenflo，是来自美国的婴儿用品商。

在许多情况下，她还会上网参与讨论不同的话题，这其中包括她使用的产品等。

• **她对营销手段心知肚明。**不像自己的妈妈那样，如今的年轻妈妈在还是孩子的时候就已经领教过大量广告和销售的攻势。她将广告中的全部事实和部分事实分得一清二楚。她明白那些儿童用品厂商所说的只要写好 1000 字的文章，附上一张彩照寄出，保证永远也不会做坏事，就有机会赢得超级大奖的中奖几率微乎其微。正是由于这一点，她更有可能帮助自己的孩子更好地理解和应对这样吸引人的营销手段。不过更为重要的是，她懂得对孩子打广告并不是坏事。事实上，她了解广告对于孩子成为精明的消费者而言是有益处的，更不用说还能让她的生活变得轻松点儿。毕竟，这无损她的利益。

• **她更有可能是年龄较大的产妇。**有以下几个原因所致：青年孕妇的比例下降，把职业发展放在首要位置，想要继续深造，以及平衡职业和家庭的愿望。种种原因使得今天的产妇平均年龄为 27.2 岁，根据美国人口调查局的数据，这一结果比 1990 年时整整高出 1 岁，比 1980 年高出 2 岁。所有产妇中有 35% 是年龄为 30~39 岁间的妇女，而第一胎产妇的平均年龄目前是 24.9 岁。

• **民族多样性趋势。**就民族方面而言，今天发生的变化是巨大的。目前，怀有身孕的妈妈中有四分之一是拉丁裔。把这一数据与总体人口数比较来看，我们发现在 18~34 岁的人群中：

• 有 22% 是非裔
• 有 15% 是亚裔
• 有 59% 是拉丁裔

她们所缺乏的

最大需求：时间、金钱，以及简约的方案

对于今天的妈妈而言，你可以有许多预期的判断，不过对于营销者而言，

最大的一点预期来自她们对现状的感受是什么！

　　既然今天的妈妈们想要包揽一切，她就会时常感受到巨大压力。难怪有34%的4岁及以下孩子的妈妈，以及31%的4~17岁孩子的妈妈在调查中表示自己"经常——基本上每天都充满了压力"。而根据罗珀调查，目前全社会范围内时常感到压力的人群只占总人口的19%。

　　更具体一点来说，在年轻妈妈的眼中，时间和金钱变成了愈加珍贵的商品。根据西蒙斯调查，有一半以上（约54%）的妈妈对她们目前的生活现状感到不满足。有许多妈妈表示，她们已经特别卖力地工作以便在和孩子共度黄金时光时能够更享受其中，而这正是父母从未和她们一起做过的事情。

　　在做好妈妈的本职工作与对妈妈角色的期望值之间要达到平衡实属不易。不知读者是否记得，她们的教育背景，受媒体影响程度使得今天的妈妈们在其青年时代就明白如何成为赢家，并且这些还给了她们一种普遍的乐观感受。在2005年2月的《新闻周刊》中，朱迪丝·瓦纳写了一篇题为《妈咪疯狂症》的文章，其中有这样的提醒："20世纪80年代，即使是最保守的女性杂志也宣扬未来妈妈的前途是一片光明的……工作和家庭的关系可以得到平衡。而这就要靠实施者的智慧和技巧了。"但是，正如她在文章中接下来所说的，"事实上，根本就没有切实可行的办法让女性取得工作和家庭之间的平衡。"

　　获得职场女性和妈妈两个角色之间的平衡方法是每个妈妈梦寐以求的，但它却难以实现。今天的妈妈仍然面临着两难的选择：要么继续追求自上学以来期盼的职业发展之梦，并不得不将孩子送到托儿所去；要么在家照着孩子，同时忍受远离社会、经济拮据和精神荒芜的日子。里奇咨询（Reach Advisors）的CEO詹姆斯·程表示，目前只有25%的年轻妈妈对自己在工作和家庭的关系处理上是满意的。有趣的是，相对上一代妈妈而言，她们中有35%的人认为兼顾了工作和家庭，即便前提是不得不花更少的时间陪伴孩子！

　　需要在等量的时间和金钱条件下做更多事情，商品价值就成为她必须关心的一个方面。她们感受到的经济压力已经不容许她们去跟风攀比，在这样的形势下，她们宁可把钱省下来存进孩子的教育基金或补贴家里的日常开销。事实上，就像婴儿潮妈妈当年喜欢谈论自己花了多少钱买东西一样，今天的妈妈喜欢谈论自己省下来多少钱。根据西蒙斯调查，今天的年轻妈妈中 55% 称她们在大减价前很少购物，69% 的妈妈称她们经常购买特价商品。

但是，比起回到工作岗位上去，今天的妈妈更倾向选择借贷。不过，她们一直都在不断缩减开支。婴儿潮妈妈们会购买心仪已久的奢侈品，但今天的妈妈们会作出取舍，以家庭的大局为重，让钱都花在刀刃上。

虽然近 20 年来 X 一代女性在薪金收入上和男性的差距已经缩小了许多，但仍有数据显示她们的收入仍落后于男性，只有男性收入的 69% 到 82%，因此她们感到手头拮据是必然的。而待在家的时间越久，带来的财政短缺就更严重。

时间对于妈妈而言，远比对其他的女性更重要。在以妈妈为主要群体的焦点小组中，当她们讨论到一些促销广告时，我们发现了一个让人受启发的事实，那就是今天的妈妈很缺时间。举个例子，一个切实可行的，含有"返现"保证的广告在讨论组中很少被投赞成票。数量惊人的妈妈们对此投了反对票，因为这条广告要求她们花时间一步步履行一些规定。一位妈妈是这样说的：

> 我不是不愿意花时间，而是时间根本不允许我浪费！

妈妈们不免觉得自己在与时间角力的过程中败下阵来（至少有那么一点儿吧），她还感到自己需要一点帮助。（营销者们，机会来了！）

在寻找平衡点的努力中，她受到的各种挑战对她日常的体育锻炼和健康状态也造成了影响。今天的大部分妈妈都表示她们同意自己应该尝试健康的生活方式，多进行体育锻炼，努力达到膳食平衡，并且吃一些健康的食物。事实上，大约有三分之一的妈妈们表示，她们正在节食。但是，随着空闲时间越来越少，要想保持身材，多做运动，或是进行抗压也变得更加困难。以下数据说明了其中的一些困难。

那么，妈妈们该如何取得这种平衡呢？其中一种方法是灵活地在家处理工作上的事务，比如利用诸如手机、笔记本、黑莓或网络等设备。她还可以尝试取得工作上的灵活度。根据纽约家庭与工作研究所的一份调查，从受雇妈妈对工作满意值从 1 到 10 的评分（10 分最高）中可以看出，她们对工作弹性给了 9.2 的高分，而对职业晋升前景仅给了 5.5 分。

另外一份由"弹性职业"所做的调查发现，当孩子还小的时候，妈妈会因为这个理由从工作中抽身出来，而当孩子较大时，她们又会重返工作岗位。在劳动力变化最新的一次研究中，家庭和工作研究所发现 28% 尚未育有孩子的女性已有打算在她们怀孕的时候，离开现在的工作岗位一段时间。

受访妈妈中同意以下说法的比例：	
应该加强锻炼	71%
尝试吃健康的食物	62%
努力使膳食平衡	55%
至少做一些运动	50%
正在节食	32%

受访妈妈中同意以下说法的比例：	
吃喜欢的食物，不在意其热量	64%
钟爱高脂肪食物无罪	59%
忙得顾不上自己	46%
吃不适合自己的食物	47%

来源：西蒙斯调查

但是对于妈妈而言，一个更重要的获得平衡的方法就是追求简单的生活。她不管是作为职业女性还是作为妈妈，都需要帮助，使她的任务变得更简单。她最不想看到的事就是她的时间（或金钱）被浪费！她已经花了时间去购物、煮饭、做好事情，她不愿意花更多的时间去劝孩子使用她买回来的东西。她不想花费时间和财力去"猜测"孩子可能喜欢或讨厌什么。她宁愿确切地知道孩子的愿望。

> 我绝对不会买一件拿回家她瞧都不瞧一眼的东西，我的预算可没那么大。
>
> 　　　　　　　　　　　一名 2~4 岁女孩的妈妈
>
> 如果我买了他不吃或不穿的东西，那纯粹是浪费。
>
> 　　　　　　　　　　　一名 2~4 岁男孩的妈妈

> *我不想在女儿不喜欢的东西上浪费钱，所以她怎么想很重要。*
>
> *—— 一名 5~7 岁女孩的妈妈*

那么妈妈们是怎样看待这种简约的方式？有的时候妈妈们需要做的事情太多，她不免想要时不时地放宽规则，为了图安心或便利而作出让步。西蒙斯调查发现，每 10 个妈妈中就有 4 个狠不下心对自己的孩子说 "不"。根据《育儿》（*Parenting*）杂志 2003 年 6~7 期：

• 有 40% 的妈妈承认自己允许孩子在前一天晚上并没有吃绿色蔬菜的情况下，或者是她们允许孩子在没吃完晚饭的情况下吃了甜点。

• 多于半数的妈妈承认一家人共进晚餐并非每日必修。

• 超过三分之一的妈妈用零食贿赂孩子，好让他们乖乖吃饭。

我们焦点小组中的一名妈妈是这样说的，她的说法足以让我们拨云见日："我是挺会使坏的，但我使坏不如一块夹心巧克力见效！"

但是，今天的妈妈们可不是随随便便就满足孩子所有要求的。在抚育孩子成长上，她们似乎有更周全的方法。虽然很多妈妈在鼓励孩子自由表达，以及给他们提供自己认为合适的条件上非常宽容，但是她们不会让孩子随心所欲。大部分妈妈确切感到对孩子说 "不" 并不困难。当下大部分妈妈对孩子至少会表现出某种程度的严厉，对这一点我们还将在本书中继续讨论。

妈妈对孩子的态度
（对下列选项赞同的人数比例）

应该允许孩子自由表达想法	61%
想给孩子提供自己没有过的条件	66%
会不时给孩子额外的奖励	68%
但是：	
拒绝孩子的要求并不困难	63%
认为孩子受到太多物质主义思想的影响	75%

来源：西蒙斯调查

必然结果

让我们把各种因素结合在一起：承受压力，时间短缺，受过良好教育的妈妈找寻简化的办法 + 受良好教育的，有市场头脑的，更懂妥协的孩子 = 最佳合伙人！他们合二为一，变成了我们的 4i4l 消费者！

今天的妈妈在让生活变得更简单的探寻过程中，经常使用的一大法宝就是与孩子保持高度一致。她会听从孩子的建议，被孩子的判断左右，并且她还会把孩子当成自己的伙伴而不是对手。她最不想看到的事情就是浪费时间、金钱，还有更重要的，她不想花了精力却买回孩子不想要的东西！相信我们，在我们的焦点小组里，不断有一些妈妈提出要求，她们希望制药公司想办法帮助孩子吃下药，或是让麦片公司不要生产一些孩子并不愿意吃的健康麦片。实际上，在最新一期的扬克洛维奇青年调查中，70% 的妈妈认为，如果她们了解到孩子喜欢某个品牌，她们的购物就会变得更轻松。

记住这一点，妈妈的好宝贝是一个很棒的合伙人。他们不仅精明，了解商家的营销手段，而且还懂得和妈妈协商一致。这也许是因为今天的孩子作为家庭的一员，感到责任重大，并且把自己的家人看得比自己重要。购买一件商品时事先征求父母同意的孩子正在增多，这一数字在 2004 年比 2001 年增长了 9 个百分点。而现在，据调查，购物时先取得父母同意的孩子与购物时自己作决定的孩子比例大约是 1:1。

8 ~ 17 岁的孩子中表示在购买以下物品时会先取得父母同意的百分比

	百分比	同比 2001 年的变化
电子游戏	47%	+15%
录像 / 影碟租借	54%	+14%
唱片 / 音乐产品	49%	+12%
游戏 / 玩具	45%	+12%
电脑软件	37%	+11%
书籍	37%	+10%
个人护理	24%	+10%
软饮料	25%	+9%

来源：《协商一致的孩子》，罗珀报告，2004 年

我们看到的结果是,孩子在进行购买活动时与父母商量的次数增多了。比如,罗珀调查显示,年龄在 4~17 岁的孩子中表示经常与父母进行沟通的人数增多了,比 2002 年增长了 4 个百分点。调查的 16 个选项中,他们谈论的范围涉及了至少一半。在这些选项中,"如何合理消费"上升了 9 个百分点。

在年龄为 6~14 岁的孩子中,有四分之三到了青少年乃至成年时期也会考虑妈妈的建议。事实上,青少年会把妈妈说过的话当成最重要的建议,他们在家庭事务、就业和教育上会更倾向采纳妈妈的意见。根据 EPM 通信的《女性营销》,年龄较小的孩子看重的是妈妈能够支持和鼓励他们,帮助他们完成家庭作业,以及辅助其他事项顺利进行。

与之一致的是,2003~2004 期的霍雷肖·阿尔杰基金会的全国青年状态调查发现,高中生的家庭比以往任何时候都要团结一致。接受调查的学生中有四分之三表示他们与父母的关系非常好,甚至比与其他人的关系还好。当被问及他们生活中更愿意花时间经营的一两个方面时,有一半的学生表示他们希望能够和家人有更多的时间相处。

作为这种新型伙伴关系的最终结果就是,普遍来说,即使作为现代妈妈有着十分困扰的压力和紧张感,但她们仍然十分满足作为妈妈的生活。美国价值研究所在 2005 年的母性研究中发现,81% 的妈妈对生活现状很满意,16% 的妈妈表示较为满意。

未来的妈妈是?

未来的年轻妈妈将是 Y 一代人。就目前而言,她们对未来抱有积极的态度。事实上,在 9·11 以后,经过数年的经济不振以及伊拉克战争,75% 未来的妈妈们,也就是今天的女高中生,对美国的未来仍是乐观的。根据霍雷肖·阿尔杰基金会的调查,她们中一半人对联邦政府有极大的信心,而在成年人中持这一看法的人数只占 34%。

　　所有迹象表明，未来一代的妈妈们将至少在平衡工作与家庭的关系方面与她们的父母（X一代）保持一致。而Y一代似乎把当一个成功的妈妈和建立幸福的家庭作为更重要的人生目标。这一现象在某种程度上已经显现出来。罗珀调查称，将孩子在4岁以下的妈妈与孩子较大的妈妈进行比较，会发现当一个好妈妈和好妻子的观点在年轻的妈妈中更为盛行（68% vs 59%）。

　　未来的妈妈将更熟悉科技，同时也将有更好的教育背景。根据罗珀调查，今天的年轻人中有88%认为他们将来会上大学，而持这种想法的人数正在增多，仅去年就比往年增长了8个百分点。对于这些年轻人来说，在实现读大学这一目标的过程中，未来无疑会有更多有关时间管理和多任务处理的科技产品进入并改善他们的生活，帮助他们更好地完成人生目标。

　　而有数据表明，未来妈妈的生力军正在不断增加！从2000年到2015年间，女性进入生育黄金年龄的人数将增长17%，预计这17%的新任妈妈将带来每年潜在的600,000名左右的新生儿——这种高出生率上一次出现是在婴儿潮时期。

一些建议：

●电脑和科技已成为年轻人世界中不可或缺的部分。因此，如果营销者在其产品、促销和广告中忽略了它们，不对其科技背景加以利用，也不体现产品的科技含量，那么这种做法将是"过时"的。

●今天的孩子们有各种各样的办法避免让自己无聊。如果想向市场投放新产品，一定需要注意的是，该产品是否能够取代市面上已有的、孩子们正在使用的东西。一件只是新鲜好玩的产品并不足以证明它的好处！

●今天的孩子有着精明的商业头脑。营销者应该尊重他们，不要试图去愚弄他们。

●今天的年轻人是科技玩家，头脑聪明，并且懂得利用网络搜索所需信息。营销者应该确保在网络销售时提供充足的信息。

●孩子们对传统静态的玩具渐渐失去兴趣，而对有科技含量，能够和人互动的玩具充满好奇。营销者需要在现有的静态销售手段，如产品包装、广告甚至产品本身下工夫，寻找其与科技的结合点以及与人互动的可能。

● 提供能够让孩子在玩乐时投入其中，在生气时及时停止吵闹，并且能够让孩子听话的产品，这样一来妈妈就可以做其他家务。教育家可以尽情地谈论电子游戏的危险和缺陷，但是今天的妈妈们照买不误。为什么？因为孩子打游戏时既安静又有事可做。

● 在产品中提供更多的科技成分，使得妈妈们能够匀出更多时间。只要这项产品能够帮助她轻松获取关于她的工作、孩子以及整个生活中所需的资讯，那么它将是受欢迎的。带有无线装置是十分重要的一点，这使得妈妈们能在任何地方获取信息，包括在盥洗室里！

● 采取的网络战术。妈妈是网络达人，因此你需要帮助她在网络上找到你，并且尽可能地让她轻松获取所有需要的信息。对于那些不提供网络支持的商家，我真的不懂你们在想什么！

● 记住，妈妈是视觉控。营销者应该利用图像等手段和她沟通，使她感兴趣，但是避免通过视觉手段传递所有的信息。只要确保在她想获取更多信息的时候，能在恰当的地方找到相关文字信息即可。

● 给那些望子成龙心切的妈妈提供服务。趣味学习程序以及轻松教学训练将是她们长久关注的东西。

● 记住，在妈妈的世界里她的孩子永远是主角。给妈妈提供能够让她和孩子单独相处的活动和休闲方式——比如一日游、户外运动，都能给她（或者与她的朋友一道）与孩子共度休闲时光的机会。我们看到，那些包含了让妈妈和孩子共同参与项目的产品和活动都得到了妈妈的高度认同。

● 现代的年轻妈妈头脑聪明，受教育程度高，和她们沟通的方式也一定是彬彬有礼的。避免"强行推销"中的夸张成分带给她们有辱智商的感觉。

● 让产品与最新科技接轨。她懂科技，而如果你的产品不够科技，她会认为这是一个无聊又老掉牙的东西。举个例子，在一个新的儿童教育资料产品试验中，妈妈们第一时间就批评它们没有附加 CD！

● 让促销手段，甚至购买方式简单易行。许多妈妈没有多余的闲暇去完成复杂的步骤。

- 营销者应该不仅帮助妈妈们节约整块时间，还应该帮助她们将大型任务分隔成容易处理的小块任务，比如将烹饪、游戏、付账单分别分隔成10~15分钟的小型任务。

- 今天的孩子倾向于在教育和职业发展等方面征求妈妈的同意，营销者应该对此加以利用，并确保妈妈和孩子都能获取有关这些方面的信息。

- 大多数妈妈都会在某个时间段工作，因此她要在工作场所和住所间来回通勤。妈妈们还会在工作中找机会匀出时间。科技手段使其在工作场所处理多项任务成为可能。新型的、适合在家以及在工作场所中使用的设备或工作站服务将是未来一大发展方向。

- 请记住，妈妈们在摆平孩子的需要、自己的需要以及其他各方面事务的过程中已感到困难重重。营销者需要对这一点保持敏感，不要以她能够掌控一切的眼光衡量她，她并不能事事如愿！

- 假定妈妈们都有忙碌的生活，并且她们中的大部分将在养育孩子的某个时期踏入工作岗位。

- 妈妈认为在保持吸引力与花时间和精力做个人护理上存在挑战，所以务必要记住，妈妈身上女人的特性也需要关注和支持。

- 在妈妈等待的时间中寻找机会进行营销，比如在她们排队等待办理银行业务时，在商店排队等待付款时，或是在儿科医生办公室门口等待就诊时。

- 金融业务应该定位为使妈妈取得长期收益（如为孩子筹划大学教育经费），而不是满足眼下的奢侈消费。

第三章　四眼四腿型消费者（4i4l）

　　在孩子从胎儿到青少年的成长过程中，4i4l 消费者的内涵发生了改变。我们已经提到，现在的妈妈和孩子与前几代人相比，在生活方式，尤其是教育孩子方面，有着本质上的区别。以此为基础，我们将对 4i4l 消费者进行更加深入的分析。通过分析他们的人生阶段，我们可以更好地了解 4i4l 消费者所经历的发展和变化。4i4l 消费者所经历的每个阶段都使母子之间发展出新的关系，这也显著影响了他们共同决定的模式和本质，每个阶段的出现都将预示着下一阶段的产生。更重要的是，每个阶段都对营销策略提出了不同的要求，以便更有效地吸引 4i4l 消费者。

　　在母子关系层面，我们可以划分出三个阶段：完全依赖，有条件的依赖和相互依赖。它们在妈妈和孩子的人生阶段里依次出现。每个阶段都表现出构成方式不同却相互平衡的共同决策方式。在过去的几十年中，提到这一决策关系时，人们总会想到一个磨人的孩子，为了得到自己想要的东西，或哭闹不休，或一直纠缠父母；而父母（尤其是妈妈）则像"看门人"一样，决定哪些要求可以满足。我们并不是说这些看法毫无可取之处，但我们从自己和其他人的研究中发现了更多的故事线索。

　　在"接下来的故事"中，我们认为正是因为妈妈和孩子同时努力来满足各自的需求，他们在锁定消费目标时，表现出比传统观点所认为的更多的合作意识。郎本河·鲁斯特博士发表在《广告研究》上的一篇文章中使用了"团队协作"这一概念，他发现"父母与较年长的孩子之间的交流经常反映了一定程度上的团队协作：通过交流和协作，购物成员之间在一系列共同目标上产生了劳动分工。"在 2005 年母 / 子影响力研究中，我们发现了支持这种合作关系的证据，这种互动关系甚至在妈妈和 2~4 岁儿童之间也存在，而且随着儿童年龄的增长还将逐渐加强。互动的不同方式包括：

影响力的互动方式

妈妈主导	孩子主导
直接给予	提出要求
提供选择	作出回应
询问要求	

妈妈主导的互动方式

本章中**直接给予**的定义是，妈妈没有和孩子进行明确的交流就把东西提供给孩子。她分有可能考虑到了孩子的需求，同时她也考虑了自己的价值观。用奇迹组织 2005 年母 / 子影响力研究中一位 3 岁男孩的妈妈的话来说就是：

> 我会给我 3 岁的孩子买他喜欢的东西，同时保证这些东西对他无害，而且与他的年龄相符。

从中可以看出妈妈在没有和孩子进行明显沟通的情况下，通过猜测她的孩子可能喜欢的东西而作出消费决定。所以，即使妈妈的决策过程体现了自己的价值观，她也始终在一定程度上考虑了孩子。

接下来我们讨论的互动方式是**提供选择**。妈妈通常会明确地提供可供选择的东西，并询问孩子的想法。进入任何一家商店，你都会看见妈妈向孩子们提供选择。她们通常会说：“你喜欢这个还是那个？”在这种互动方式中，妈妈仍然在很大程度上控制着可供选择的尺度，但她有意识地让孩子参与到决策过程中。她为什么会这么做？我记得在对一家童装店进行实地调查时看到过这样一对母子。妈妈领着儿子一边逛店，一边挑出她看中的衣服，其间她一直向儿子描述她所选衣物的特征，以及那些衣服的优点与不足，并且不断询问儿子喜欢哪些衣服。之后当我问她的决策方式时，她解释说，她认为这种方式能够教会儿子如何作出决定。另外一些妈妈在接受采访时表明，这种方式也会在孩子心中建立起一定程度上的“买入”意识，这就保证了他们在得到那些东西后一定会使用。提供选择的另一种方式是妈妈预先决定好时机和特定品牌，而让孩子选择口味或种类。

询问要求是最后一类我们观察到的妈妈主导的方式。这种方式常出现在每晚妈妈问孩子想吃什么晚餐等情境中。当然，询问出现在很多场景中，因为妈妈想单刀直入，直奔主要的考虑对象——她的孩子。大多数情况下，她确实想获得信息，为孩子考虑可能的选择。她对决策仍然有所掌控，在她认为孩子的选择不妥的情况下保留否决的权利。当孩子长到十几岁时，妈妈甚至认为孩子在某些问题或某些商品上比自己更有发言权。

然而我们知道，在面对孩子的时候，妈妈们的行为不尽相同。我们对 2004 年的西蒙斯调查做了细致的分析，认为父母的行为方式正由纵容型逐渐演变为限制型。纵容型与限制型间的比例大体为 40∶60。尽管我们现在讨论的影响交互方式是对所有妈妈而言的，然而这些方式的应用及频率则取决于妈妈的行为方式落在两种类型的哪个区间。纵容型的妈妈往往会采取询问和提供选择等方式以给予孩子更多的选择权。限制型的妈妈则更青睐直接给予和提供选择等由妈妈主导的方式。

孩子主导的互动方式

这一方式中有两类互动模式，提出要求和作出回应。

提出要求是指孩子通过某种交流方式明确地将自己的想法告诉妈妈。表达方式既有众所周知的"我想要……"，也有更为微妙的方式，尤其对于幼小的孩子来说，用手指一指或者拿起一件商品就足够了。6岁以下的儿童更倾向于用后一种方式，因为他们的口头表达能力较年长的孩子更为薄弱。

作出回应是最后一种，也许是最有力的由孩子主导的互动方式。我们很清楚，即使妈妈采取直接给予或者提供选择的方式，孩子对于她所提建议的回应才是更主要的。一个颠扑不破的真理是，如果孩子不喜欢一件买给他用的东西，那么他就不会使用或消耗它。举例来说，一对父母试图把婴儿豌豆买给婴幼儿，可孩子出于某种原因，不喜欢豌豆。父母大多不愿遭受"豆子扔在脸上"的待遇，而且这种经历越少越好（尽管第一次可能比较有趣）。于是我们得到了第二个恒定的真理：妈妈不会买孩子不愿使用或不会消耗的东西。因此，孩子的"一票否决权"总能够奏效，无论那个他不想要的东西是什么。

与孩子作出消极回应或者一票否决相反的是，妈妈发现她的孩子对于某些商品或服务有了积极的回应。在这种情况下，她很可能把这类信息记下来，当做以后消费的参照。这种现象解释了为什么孩子不需要一次又一次地要相同的东西，因为妈妈会根据自己获得的积极信息购买孩子之前要求的东西，并且还尝试更多其他产品。

孩子的回应也会起到另一个重要的作用，那就是在他们不直接参与的消费决策中，回应最终会影响到各种各样的决策过程。交流可能是这样的："爸爸你不会买那辆车吧？这可是给爷爷开的！"好吧，要么再另挑一个吧。这种自发提供参考意见的方式在十几岁的孩子间很常见，这些孩子似乎对任何事都有自己的观点，似乎对任何事都了解得很透。

基于多种母子双方共同决策的方式，我们现在能够看出4i4l消费者的人生阶段不是只有儿童年龄阶段一个。以下各个阶段以儿童年龄为轴，构成了一个连续的过程：

完全依赖	有条件的依赖	相互依赖
0 1 2	3 4 5 6 7 8	9 10 11 12

完全依赖阶段

完全依赖阶段始于怀孕期，贯穿婴儿期直到孩子两岁，截止于学龄前。这一时期，从其阶段命名就可以看出，是妈妈代表孩子作出大部分决定的时期，从孩子那里得到的直接反馈几乎没有或者非常有限。这并不是说孩子不影响妈妈的决定，因为孩子的影响几乎从他还在妈妈子宫里的时候就开始了。换句话说，在这个阶段里，妈妈根据她自己的需要和她所猜测的孩子的需要作出决定，为她的孩子直接提供产品和品牌。在孩子接近 2 岁的时候，妈妈开始提供选择并询问孩子的偏好。从量化的角度来看，完全依赖阶段可以作如下描述：

互动影响方式：完全依赖阶段

以妈妈为主导	以孩子为主导
直接提供 多	提出要求 很少
提供选择 少	作出回应 少
询问要求 很少	

妈妈与孩子占主导的比例：90：10

怀孕期

你也许会对怀孕期的 4i4l 感到怀疑，因为那时孩子还没有出生。你也许会好奇妈妈和孩子怎样在孩子无法发声、不在场，也无法表达喜好的情况下成为 4i4l 消费者的。但是，仔细思考一下，你会发现这是 4i4l 真正开始形成的时期。每个女性都会对身为人母充满幻想、力量、期待和焦虑。她会是一个好妈妈吗？她怎么知道该做些什么？她的孩子会健康吗？她的孩子将来会有出息吗？孩子以后的生活会比她的好吗？相对于孩子的出生，妈妈们会把更多的时间花在反复思考这些以及其他的很多问题上。这就是一个孩子对妈妈影响的开始——这些影响催生了数亿美元的消费，这都是源于对这一重大事件的憧憬。

每对充满期待的父母都能回想起与他们未出世的孩子的第一次相见。由超声波检测看到的婴儿视频是这次见面的标志。那就是她，心脏跳动，时而游来游去，正对着视频监测仪。纽带从这一刻开始建立了。最终，妈妈会切实感觉到孩子在体内游动。一开始胎动是没有规律的，但妈妈们认为孩子似乎会对一些她们吃下去的食物有所反应。如果她们摄入太辣或含咖啡因的食物，孩子就会迅速地踢一下妈妈们的肋骨以示不满。如果妈妈知道是她的行为导致了这一后果，那这就是一个教学的过程，会让她此后的行为有所改变。当妈妈和孩子在身体上由脐带联系起来时，他们就无可争辩地成为两个独立的个体了。

当然，怀孕期间主要表现出的双方决策制定方式是直接提供，因为妈妈期待孩子的降生，会尽力提前满足自己和孩子的需求。事实上，怀孕也许是行为转变最强大的动力，也是这期间产生消

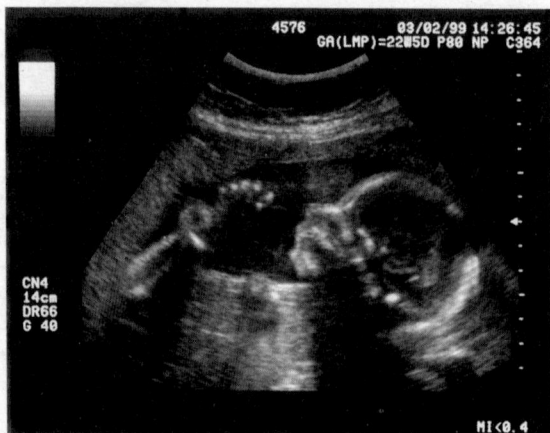

费的原因。或许真的在一夜之间，大多数怀揣期望的妈妈都会因为怀孕而改变自己的生活方式。喝咖啡的妈妈放弃了每天的星巴克，抽烟的妈妈戒烟，喜欢吃垃圾食品的妈妈开始吃蔬菜和利于大脑发育的食物。几乎所有的妈妈都开始吃产前维生素片，这些药片太大而不容易咽下去，经常引发恶心感。另外，怀孕还促使了很多消费的产生。

　　婴芙乐婴儿用品公司是我们的客户之一，该公司生产并销售全套儿童产品，从奶瓶到车内座椅、婴儿车，以及其他所有介乎这之间的产品。我们的职责是了解初为人母的这一人群不断演变的心理。她们在即将成为妈妈的这段时间里的消费偏好和要求，反映出她们想成为怎样的妈妈。我们知道大多数妈妈在第二个三月期时会搜集关于婴儿看护产品的信息，并且形成最初的品牌偏好，这样在第三个三月期时她们就会购入很多必需品。我们甚至给这一时期命名为"120 天的战争"，因为像婴芙乐这样的婴儿用品品牌每 120 天就能看出是否盈利，120 天也是新一批见习妈妈的群体由第二个三月期转入第三个三月期的时间，在此期间原有的妈妈群体继续消费。

　　在这个 120 天时期中，妈妈们对婴儿看护及其产品的信息特别敏感。她们从信任的朋友、自己的妈妈、产科或妇科医生那里获取参考信息。她们从网上得到可信并且有用的信息，然后为自己、朋友和亲戚列出内容庞杂的消费清单。我们也了解到很多初为父母者已经开始考虑大件消费，例如买一辆新车以取代两座运动跑车，甚至一套位于好学校附近的，有婴儿房的新房。他们还可能开始考虑保险和有生以来的第一份遗嘱。想象一下，所有这些行为和消费都源于一个尚未出世的个体。这就是所谓的影响。

　　从营销的角度来看，准妈妈中很少有自信满满地成为妈妈的。鉴于这一角色的重大意义，了解这一点是很重要的。甚至连那些最自信的专业人员在面对人生中的新定位时，都可能对自己的无能感到恐慌。因此，他们急需能够消除顾虑的品牌，让他们觉得自己为孩子作出了明智的决定。

婴儿期

婴儿期开始于脐带被剪断的那一刻，这一身体上的纽带在九个月中连接着妈妈和孩子。然而，正如胳膊被截断的人仍然能够感觉到胳膊的存在一样，妈妈也仍然感觉到自己与孩子被看不见的纽带连接在一起。既然妈妈有了一个需要照看的婴儿，他有生、会呼吸、会啼哭、会打嗝、会排泄、需要哺乳、时不时睡着，她的世界就高度聚焦在孩子的需求上。从某种意义上来说，怀孕期间身体上的联系被孩子对父母的依赖这一联系所取代。孩子不可能在没有妈妈或另一个人提供的身体和情感上照顾的情况下存活。

母子间这一重要的纽带，从孩子出世起就对孩子的成长和健康起着重要作用。人类间的交流和情感的照顾对于孩子身心的健康成长极为重要。詹姆斯·普莱斯考特博士认为"在大脑发育的形成阶段，特定类型的感官缺乏，例如妈妈很少触摸或摇晃婴儿会导致婴儿控制情感的神经系统发育不完全或遭到破坏。"换句话说，当婴儿的本能行为，如吮吸、抓握和啼哭被妈妈忽略或不被留意时，孩子会变得非常孤僻，继而发展为严重的健康疾病。另外，婴儿和成人间交流的这一有趣话题已经出现在大量的学术研究中。

20 世纪 30 年代，伦妮·斯普利兹和其后的约翰·波尔比研究了弃婴之家和长期住院的婴儿死亡现象。这些无菌的环境缺少视觉和触觉上的刺激，虽然从严格意义上来说，它们具备充分的看护措施，但人类间的交流明显不足。这些婴儿中有相当大一部分是在第一年死亡的。在这一研究之后，哈里·哈罗通过实验研究了新生小猴中的社群孤立，这个实验从小猴出生延续到一年以后。研究表明这些猴子极度孤僻，有的时候冷漠或过度亢奋，偶尔出现爆发式的暴力行为。

这些研究表明，母子之间的联系是不可抗拒的本能力量，无论是在人类之间还是在动物之间。很明显妈妈和孩子是一个团队，以一种相互依存的关系生存下来。精神科医生 D. W. 温尼科特说过："从来就没有单独存在的婴儿，妈妈和婴儿是成对出现的。"

身体上的照顾和哺育是婴儿的显性需求，他们对于情感联系的需求非常有趣，因为它突出了母子关系的重要。4i4l 关系在婴儿期的本质在于直接提供和作出反应两个方面的强化，因为妈妈和孩子参与到了速成式的学习过程中。有一句老话这么讲，"妈妈冷的时候孩子就需要一条毛毯"。这体现了直接给予的方式，因为妈妈用她自己的感知决定孩子的需求。母子间的信息反馈在婴儿期非常频繁，这就为之后的 4i4l 影响的出现创造了基础。

那么这些反馈是怎样的呢？如下表中所示，所有婴儿的交流方式都是非语言的，而且非常有趣的是，妈妈的也是一样。

孩子的需求	孩子的行为	妈妈的反应
饥饿	寻找／啼哭	喂东西
闹着玩	安静／微笑／大笑	微笑／大笑
焦虑／不舒服	皱眉／啼哭	查找原因
瞌睡	发脾气／啼哭	唱歌／摇晃孩子
好奇	用手抓／盯着看	拿东西给孩子

上面的行为方式清楚地说明了，妈妈如何从一开始就形成了对孩子的需求作出回应的条件反射。从婴儿这方面来看，这些需求并没有通过语言表达，因此妈妈学会了婴儿的微妙而有效的"语言"。妈妈们说她们最终能够听出不同的哭声所代表的含义。对大多数的婴儿来说，他们的要求 100% 会得到同意，因为他们的妈妈在焦急地等待与孩子的任何形式的交流。

宝洁公司的尿布营销策略很有趣，也很有价值。他们为满足第一次当妈妈和不是第一次当妈妈的人的不同需要，准备了两个牌子——帮宝适和乐芙适。帮宝适是高级品牌，提供最新的种类繁多的产品；而乐芙适是老品牌，产品功能更基本。帮宝适迎合了那些只想给孩子最好产品的妈妈，寻求"合作伙伴"的心理。宝洁公司甚至建立了帮宝适培养中心，网站上对它的介绍如下：

帮宝适培养中心拥有世界顶级儿童健康与成长专家，致力于为父母提供最好的信息和服务。

　　这对于需要高品质和值得信赖服务的，初为人母的消费者来说无异于最好的福音。另一方面，乐芙适的受众主要是有经验的妈妈，她们已经经受住了一个孩子的考验，现在可以采取更放松的模式，这种模式关注妈妈已有的经验，而不是专业人员和研究机构。因此，与建立培养中心不同的是，乐芙适为妈妈们提供的是交流经验的网络平台。

　　帮宝适为刚刚成为妈妈的群体提供强有力的支撑这种策略不失为明智之举，因为他们知道，这些妈妈中的许多人如果今后再有孩子还会继续使用自己的品牌。这个策略在面对价格更低的竞争对手乐芙适时也维护了公司的利益，因为他们知道有经验的妈妈会更倾向于选择便宜一些的产品。

有条件的依赖阶段

　　4i4l 的下一个阶段是有条件的依赖阶段，大约开始于孩子 2 岁时，持续到 8 岁左右。这个阶段的突出特征是，孩子的语言能力和表达自己需求的意愿日益增长，而妈妈依然调节着对话频率，评价每个要求，当然，还是把自己认为最好的东西直接提供给孩子。与孩子依赖妈妈阶段形成鲜明对比的是，妈妈在当前阶段提高了提供选择的频率，把购物这个过程作为改变的契机。同样重要的是，孩子开始直接提出要求而不是对妈妈的提议作出回应。另外，孩子的语言能力使得她能够比以前更准确地嚷嚷着作出回应。这一阶段的混合方式如下所示：

互动影响方式：有条件的依赖阶段

以妈妈为主导		以孩子为主导	
直接提供	中频	提出要求	中频
提供选择	中频	作出回应	高频
询问要求	中低频		

妈妈与孩子占主导的比例：50：50

从营销者的角度来看，本阶段妈妈提供选择、询问要求以及孩子提出要求、作出回应比例的提高，表明了在孩子中建立品牌知名度和喜爱度的重要性。研究和实践表明这个年龄段（4~7岁）的孩子会"选择"或"偏爱"他们熟悉的品牌或产品。当然，这个阶段对妈妈群体的营销也非常重要，因为她们控制着可以提供、可以接受的选择，而且与他们的孩子十几岁时相比更容易拒绝孩子的请求。

学龄前期（2~5岁）

随着孩子年龄的增长，我们更加有必要加强并改进对妈妈和孩子的营销策略。孩子2~5岁时，妈妈依然停留在直接提供模式，但会十分在意孩子对特定商品如何反应。她会更多地提供选择，一方面这有助于"教会"孩子如何作决定；另一方面也能避免孩子在拒绝她或对她的选择作出负面回应时感到不自在。学龄前期的特征是父母对孩子基本能力，如语言、数数、辨色、基本阅读等的高度关注。如果把这一点牢记在心，品牌公司通过参与孩子的成长过程就能找到自身品牌更大的吸引力所在。

早期有条件的依赖期说明某种程度上孩子的参与和影响是很关键的。强生宝宝系列的品牌概念不仅孩子喜欢，而且帮助妈妈培养其健康的个人卫生习惯。

　　针对这一点，一个很好的例子是强生专为学龄前（2~5 岁）儿童设计的巴迪斯（Buddies）宝宝个人护理产品。按照 4i4l 阶段来分析，这个年龄组由完全依赖阶段延续到早期有条件的依赖阶段，说明某种程度上孩子的参与和影响是很关键的。为了帮助强生发展宝宝系列品牌，我们建立了一个品牌概念，它不仅受到孩子喜欢，而且帮助妈妈培养其健康的个人卫生习惯。从某种意义上来说，这个品牌成为妈妈和孩子间交流的通道。品牌形象无可置疑地受到目标年龄群体的喜爱，同时也达到了传达产品用途的效果。我们看到妈妈们把这些品牌形象编入游戏来教孩子如何洗澡。

　　如果对 4i4l 消费者没有深入的了解，这个产品链很可能仅仅发展为功能性的或便利的平台，只面向妈妈的需求，很少考虑到孩子或母子之间的交流。毫无疑问，这种方式，尽管经常被各大公司采用，其收效会大不如将妈妈和孩子的需求以及他们之间的交流考虑在内的营销策略。强生宝宝系列品牌表现出丰富的消费者经验，这与其他同样以此年龄群体为目标的同类产品形成了鲜明的对比，那些产品的制造商仅仅在商标上放置了一个得到授权的品牌形象，希望这样能够吸引妈妈和孩子。

儿童期（4~7 岁）

　　如果一个品牌的目标群体处于有条件的依赖阶段的晚期，那么面向孩子的需求是很必要的。儿童美味餐（Kid Cuisine）就是这样一个品牌。这个品牌为 3~10 岁的儿童设计。年龄稍大的孩子开始比学龄前儿童更频繁地提出要求，此时的妈妈也开始更多地询问要求——这两个变化使得影响力的重心偏向了孩子。这一新的互动影响方式产生的动因是，妈妈想要帮助孩子提升作决定时的信心。这个前提完美地体现在该品牌的广告中，以下用故事板的形式展示。

　　这个广告展现的是 4i4l 互动影响方式中的妈妈询问要求和孩子提出要求。

儿童美味餐

康尼格拉 "火警部门" 30 秒 2005 年 8 月 29 日

孩子们跑向厨房岛和妈妈。
妈妈：你们饿了吧。想吃点什么？

男孩：我知道我想吃什么。
声效／灯光：灯光和警报器。

孩子们转身向前门看去。
声效／灯光：继续。

声效：碰撞！
美味餐小子：奶酪巨无霸来了！
男孩：美味餐小子！女孩：正是。

美味餐小子被失控的灭火器胶管甩来甩去。
美味餐小子：呜呼！
声效：警报器和灯光。

产品由一股奶酪喷泉托起。
美味餐小子：我的美味餐小子奶酪巨无霸和奶酪大餐趣味停不了！

男孩：还有软软的奶酪！

引爆美妙味觉！

镜头对准正在旋转消防水龙头的美味餐小子。
美味餐小子：一起卷出我的浆果味水果卷。男孩：美味浆果！

美味餐小子和孩子们转头看着身后渐渐鼓起的消防水管。
妈妈：好玩吗？美味餐小子：实际上，要［停顿］…爆炸了！

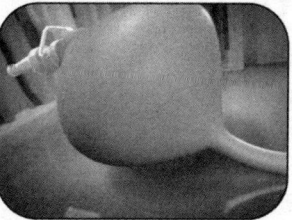

切近景对准打结的胶管，拉伸并爆炸，奶酪涌出。
声效：嘭！！！！！！

美味餐小子出现在镜头中。
美味餐小子：与美味餐小子一起度过欢乐的吃饭时光！

儿童美味餐广告展现的是 4i41 互动影响方式中的妈妈询问要求和孩子提出要求。

注意以下的对话。妈妈说："你们饿了吧。"这是典型的妈妈询问要求的例子。孩子们继而向着突然出现的品牌形象——美味餐小子，以一个提出要求的形式回答道："美味餐小子！"我们发现将 4i4l 互动影响方式在广告中进行夸大对于激活消费者的实际消费行为起到了有效促进作用。这种方式的效果优于仅将重点放在品牌知名度及其形象的传统广告上。

相互依赖阶段

相互依赖阶段与 8~14 岁的青少年对应。这个阶段中任何孩子直接使用的产品都必须直接向孩子进行营销。原因有两方面：第一，这个年龄段孩子的态度由"妈妈知道我喜欢什么"转向"妈妈不是真的知道我喜欢什么"。妈妈没有及时察觉这一变化，直到她们发现很多买给孩子的产品都不被使用，而且有些时候，那些东西神秘消失了。孩子们不愿承认妈妈不再了解他们的需要，就像一个重点组里的女孩不好意思地承认，"我不会告诉妈妈我不喜欢她买给我的衣服，因为我不想伤害她的感情。"第二，妈妈们更加信任这个年龄段的孩子，只要他们提出合理的要求。因此，妈妈行使否决权的频率大大低于孩子小的时候。母子互动影响方式的动态变化如下：

互动影响方式：相互依赖阶段

以妈妈为主导		以孩子为主导	
直接提供	中低频	提出要求	中高频
提供选择	中频	作出回应	中频
询问要求	高频		

妈妈与孩子占主导的比例：25∶75

　　这个阶段叫做相互依赖是因为妈妈开始依靠孩子来指导她们作出消费决定，当然这是孩子使用的，还有逐渐增加的其他家用消费上。2005 年奇迹组织母 / 子影响力研究表明青少年的妈妈更倾向于认为孩子影响了有关家庭消费的决策，甚至影响了妈妈自己的购衣选择。

　　对这个阶段的孩子进行营销有一个有趣的例子，就是我们为孩之宝即时聊（Hasbro ChatNow）传媒公司打造的一个固定节目。这里的背景知识是，"即时聊"产品采用先进的两用收音机技术来取代手机的部分功能。它的外观是一部手机，很多功能也与手机相仿，不同的是它不需要月租也不产生话费。这个年龄段的孩子最想要的东西之一就是手机，甚至连 iPod 都要位列其后。另外，虽然手机在青少年中的实际拥有量上升得很快，大多数妈妈都极力反对孩子用手机聊天，因为那样会产生巨额话费账单。因此，我们的广告策略是让青少年预先了解必要信息，这样当妈妈提出可能的反对意见时，他们就能够轻松应对了。我们的做法是变戏法般地出现在一个拒绝给孩子手机的妈妈面前，使她了解到"即时聊"是一款两用交流工具，通信半径 2 英里。在这个范围内，通话是免费的。

　　这个例子真实地反映出，青少年的妈妈希望孩子能提出可行且理性的消费要求。言外之意是营销者应当考虑孩子会对父母说的话，并研究这些话怎么说才更容易被接受。这使我想起了 PS2 发行时，厂家很有心地附送一台 DVD 播放机。孩子们很容易以这个高附加值的赠品为筹码劝说父母，因为当时很多家庭都在考虑购买一台 DVD 播放机。听到孩子精心准备的一番宏论，妈妈会感到一丝满足，因为这表明孩子已经成为一个精明的消费者了。

　　总结起来，4i4l 消费者经过了三个阶段的演变：完全依赖、有条件的依赖和相互依赖阶段。这些阶段代表了母子之间不同的互动影响方式。对妈妈来说，交流方式有直接提供、提供选择和询问要求，对孩子来说有提出要求和作出回应。每个阶段的本质都为怎样有效地对妈妈和孩子进行营销提供了有益的参考。总之，这种母子之间的决策制定过程是一种趋于合作的方式，而不是传统的、风行多年的看门人妈妈与缠人的孩子相互对立的模式。

即时聊

孩之宝　忍者妈妈　30 秒　2005 年 8 月 29 日

一个销售员从树上跳下来，降落在妈妈和孩子们面前。

声效：敲锣声和一声闷响。

销售员拿着一部"即时聊"产品。

声效：电话铃响。

销售员：嗨！孩子们，想要一部吗？

孩子们很兴奋。妈妈很恼火。

孩子们：真酷！是手机！

妈妈以类似功夫的身法翻跟头越过孩子们的头顶。

妈妈：你们别想。

妈妈以忍者动作阻止销售员将手机递给孩子们。

妈妈：拿到手机。

销售员继续尝试。

声效：旋转的风声和敲打声。

销售员：让开，忍者妈妈，这不是手机。

妈妈做出功夫表情。

声效：脖子断裂的声音。

妈妈：类似李小龙标志声音。

销售员一手拿一部"即时聊"产品抵抗妈妈。

销售员："即时聊"——孩子聊天短信新方式。

销售员为妈妈拍照，妈妈由怒转笑。

声效：咔嚓。

销售员：还能拍照。

销售员拿起两部"即时聊"。

销售员：成对购买，通话全免费。

孩子们：免费！

妈妈开玩笑地用脚摩擦销售员的脸颊。

妈妈：真的免费？

销售员：真的免费。

孩子们拿起产品对准屏幕上的商标名和产品网址。

声效：哇哦。

画外音："即时聊"——两用联络工具。不包含电池，通话距离 0~2 英里。

"即时聊"广告让青少年预先了解了必要的信息，这样当妈妈提出可能的反对意见时，他们就能够轻松应对了。

第四章　母子动力，走向双赢

在第三章中，我们介绍了妈妈和孩子团队合作的理念，我们把这一合作关系称为 4i4l 消费者，并讨论了这种关系是如何在孩子降生前得以开始并随着时间推移而发展的。我们讨论的核心是，从母子之间的互动影响出发考察母子关系的本质。我们将这种关系称为互动影响方式。在第四章我们将在此基础上展示 4i4l 消费者的动机模型。鉴于第三章我们已经讨论了"是什么"的问题，这一章中我们将解释"为什么"。为什么妈妈会为孩子提供选择的机会，还会直接问孩子他们想要什么？为什么孩子会像现在这样要求购买某件产品，或是对一些事情做出特定的反应？我们将在讨论何种动机影响了妈妈和孩子时揭晓答案。

在那些成功赢得了 4i4l 消费者青睐的公司中，我们发现了这样一个事实，那就是它们的营销策略是同时迎合妈妈和孩子的。在 4i4l 消费者的购买标准中，他们不会购买一个导致零和游戏（即让妈妈或孩子其中的一方满意而另一方失望）的品牌产品。然而不少营销者缺乏这种认识，错误地采用了相反的策略，即利用孩子"恼人因素"的特点，突出产品中吸引孩子的特质，或是把产品包装成纯粹的"妈妈专用"品牌。这两种手段在实际销售中都会导致零和结果。运用"恼人因素"的心理机制，认为只要对孩子造成足够强大的吸引力，那么孩子就会不断给妈妈提出恼人的要求，妈妈在招架不住之余只好作出购买决定，即使购买的产品对妈妈来说毫无用处。这导致了孩子的胜利和妈妈的失败。而"妈妈专用"的营销策略认为只要产品让妈妈产生极大的兴趣，那么她会尽力促使孩子消费或使用这个产品。妈妈的愿望得到满足，但孩子却失望而归。

你可能会问，为什么产品经理以及他们的营销手段会再三地陷入零和游戏的困境中？我们相信，这是由于他们混同了品牌战略和营销实践。他们没有清楚地界定一个品牌该怎样对受众进行产品推广，而是把注意力集中在广告与媒体宣传的结合上。那么我们是应该把产品向妈妈和孩子中的任意一方推广，还是向这两者同时推广？虽然这是需要认真对待的问题，但就目前来说，界定品牌如何针对妈妈和孩子两者的需求进行宣传，仍然是营销中居于次要的考虑。只要意识到这一点的重要性，那么营销组合的问题也将很快得到解决。

为了更好地呈现妈妈和孩子的共同需求，我们提出了一个母子动机模型，这一模型突出了儿童用品公司能够加以运用的动机因素。这一母子动机模型有三个主要组成部分：妈妈动机、孩子动机，以及互动影响方式。这一模型的建立是基于我们对一系列商品种类的集体研究，以及对许多面向 4i4l 消费者进行营销的公司营销手段的考察。我们将逐一描述模型中的各个组成部分，然后讨论一个成功案例以便更好地体现该模型的作用。

该模型在我们自己的奇迹组织广告公司以及启力（Launchforce）新产品开发

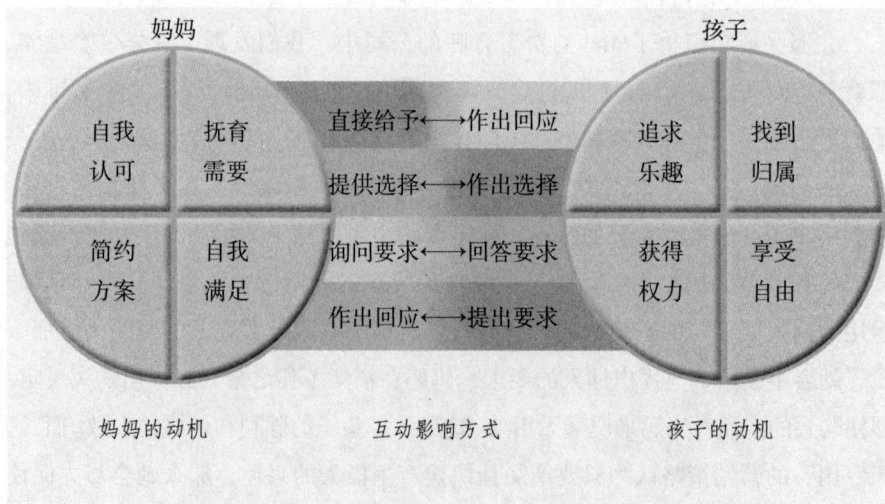

妈妈		互动影响方式	孩子	
自我认可	抚育需要	直接给予 ←→ 作出回应	追求乐趣	找到归属
		提供选择 ←→ 作出选择		
简约方案	自我满足	询问要求 ←→ 回答要求	获得权力	享受自由
		作出回应 ←→ 提出要求		
妈妈的动机		互动影响方式	孩子的动机	

代理公司的所有事务的处理中发挥了指导作用。我们的广告效果日趋强大且具有说服力，因为它淋漓尽致地体现了该动机模型的要旨。我们的新产品和品牌开发变得更加成功，因为我们可以利用动机模型的平台，使用其成熟的机制探索新的机会。老实说，这就是我们的"秘密武器"。

妈妈的动机

对于妈妈来说，她们在选购儿童用品或家庭用品时有四个主要的动机：自我认可、简约方案、抚育需要和自我满足。每一个基本的动机都与消费者的品位有关，并且会影响她们作出选择。

自我认可。这体现了妈妈寻求积极的自我形象的需要。这一动机所涵盖的一些具体方面有：

好妈妈：妈妈想让孩子觉得自己是一位好家长，自己做的事情是"正确"的。文化决定了妈妈们的角色，妈妈们也往往被鼓励着向这种角色发展。

家庭的肯定：想获得别人的认可和赞赏是人的天性，妈妈也不例外。她想要孩子和配偶认可她的付出。

精明能干：妈妈有一种很强烈的愿望，那就是希望自己作了好的、聪明的决定。她们可能会像这样表达自己的这种心情："当我想到了别人还没想到的事情时，或是我能提供对他人有帮助的信息时，我就会感到开心。"

出奇制胜：有一种精明能干的妈妈是这样做的，她们给孩子提供了很好的东西，但是同时孩子却全然不知。这就是"你知道这是营养的，但他们只觉得美味"的灵感来源。

感受威望：虽然她们也许不会公开承认这一点，但是"拥有一些高级货和精致的物品会让她们感觉良好"，这一点也是促进妈妈购买的动机之一。

简约方案。在现代社会，对简约和便捷的追求是无止境的。比如：

节约时间：我们经常听到妈妈这样说，"我总是在寻找让做家务变得更省时的方法，这样一来我就可以有时间做更重要的事，比如陪孩子和家人。"这种节约时间去做更重要的事的观念，在 X 一代妈妈的眼中是十分重要的。而在婴儿潮妈妈的眼中，节约时间更有可能意味着取得工作上的更大成就。

安逸轻松：这个动机可以有许多表现的方式。首先是更轻松地完成一件事情，比如做一顿美味的晚餐。同时，它还可以体现在取得更轻松的互动，比如，"当我知道孩子需要什么时，我就倍感轻松。"

减轻体力劳动或消除不适感：人们常从机械的体力活中发掘机会，从而不断改变它的性质。而理解了消费中一成不变和无趣的感觉，我们就可以从中发现取悦妈妈的新方式。

减轻家庭冲突：在某些情况下，家庭成员之间容易产生摩擦和冲突。妈妈们称她们想要一种能够减轻或消除家庭冲突的办法，并表示，"我不想因为要让孩子使用或购买某种产品而和他们大打出手。"

质量保证 / 结实耐用："我不想在那些停止工作或已经损坏了的东西上花时间"是当前妈妈们看待产品的方式。许多人愿意花钱买到质量保证。

信任 / 自信：当下，人们对品牌和广告的信任度处于历史最低的时期，因此能让妈妈们保持信任的品牌是少见且强大的。当她并不具备所有的信息和专家的意见，或者当作出错误决定的风险较高时，她会愿意相信品牌的保证。

选择障碍（或缺乏决断）：今天的市场充斥着各种各样的选择，然而有的时候妈妈们只是需要有一个人或有一种力量让选择简化，并且为了达到这一点她们会配合其中的步骤。

抚育需要。妈妈很早就产生了抚育孩子的需要，可以说这种需要从孩提时期就已经出现。有关抚育需要的详细见解如下：

儿童心理和生理成长：妈妈们比以往任何时候都积极关心有关帮助孩子身心成长的目标。

安全／幸福：今天我们生活的这个世界让妈妈产生了更强烈的，想要保护孩子免遭伤害的愿望。

生计／有利孩子健康：妈妈们要确保她们的孩子获取了健康成长所需的营养。

提高孩子自尊／自信：今天的妈妈们有一个突出的价值观，就是培养孩子的自尊、自信，帮助他们成就未来的愿望。

自我满足。可以确信的是，妈妈的所有动机中最强烈的一个是让她们的孩子快乐。这其中包含了两个方面：

孩子享受：与任何妈妈交谈你都能听到这样的话，"没有比看到孩子的笑脸更能让我开心的事了。"这其中自然包括了父母对孩子发自内心的爱意，同时这也是父母责任感的体现。我们在调查中发现，那些对孩子更包容的妈妈更容易受到这一动机的驱动。她们的价值观是，为孩子提供她们自己童年时期不曾有过的条件。

孩子欢迎：每一个妈妈都对自己童年时期想要融入一个圈子而遭遇的不愉快和挫折历历在目，这让她们对孩子是否融入群体表现得更为敏感。我们经常听到妈妈这样说"我不希望他们落单，被人嘲笑"。

孩子的动机

通过对妈妈的研究，我们发现了其产生购买行为的四个主要的动机，对于孩子我们也同样提出了四个动机：追求乐趣、获得权力、找到归属以及享受自由。在我们上一本书《青少年消费机器》中，我们对其作出过解释，并将它们划分为不同的中心。在这里，我们将对已经做过的论述简化，并进行调整以适合我们的4i4l消费者模型。

追求乐趣。有人说孩子做事情的主要目的就是追求乐趣，这一点绝对没错。几乎所有的儿童用品都是在考虑健康的前提下帮助孩子们追求乐趣。然而事实上，想要使品牌保持持续的生命力，营销者们还应该提供乐趣以外的东西。从动机的角度来看，我们可以把乐趣细分为以下几个方面：

感官享受：孩子们追求感官的愉快享受，比如亮丽的色彩、芬芳的气味、诱人的酸味，或者是激动人心的、恐怖的瞬间等。这种对感官刺激的追求在青少年时期会进一步发展。其中最为有趣的一个例子是，带有浓郁香味的沐浴露或清洁用品总是对孩子和青少年很有吸引力。

交互性：孩子们会坐立不安，一会抓一会挠，动动这个摸摸那个，从纯粹的动作中获得愉快。许多大人不理解像午餐披萨[1]这样的食品怎么会得到孩子的喜爱，因为它就是冷面包、冷调料和冷奶酪。这的确不是一顿好的披萨，但是它给了孩子自己制作和配料的机会，这似乎就是产品对孩子的犒劳。

得到消遣：有一些孩子偏好傻傻的东西，也喜欢看笑话。那么，提供傻得可爱的东西和能够引人大笑的产品一定会得到他们的欢心。

充饥：在午餐前或者放学后，孩子高速运行的肠胃又蠢蠢欲动了。他们会说，"我想吃点东西填饱肚子，最好是甜食，让我充满能量吧。"

想象力/创造力：孩子的想象力是他们的翅膀，带着他们去往未知的、神奇的地方，并且遇到许多奇人异事。许多产品正是为孩子的想象力开启了一扇窗户，包括经年不衰的芭比娃娃和美国大兵（GI Joe）。

获得权力。对于大部分孩子而言，在他们生活的世界里，自己对周遭的事物是很少有权力或控制力的，因此，那些可以为孩子提供权力感的产品得到畅销也就不足为奇了。这些权力包括：

控制力：孩子们会说："我想要对我的世界有所影响，我想让大家听到我的声音。"比如五分钱娱乐场[2]就是一个很好的例子，它为孩子提供了能够发挥控

1　译者注：卡夫出品的儿童方便套餐。
2　译者注：一种旧式自动点唱机。

制力的感觉而获得了最受儿童欢迎奖。还有一些品牌将定制化等因素融入他们的产品中。

掌握能力：孩子们总是热衷于学习各种新技能，这一点在他们青少年时期尤为突出。这种想法经过学校教育而得到强化。他们会这样说："当我上手一个新游戏或是达到一个新目标时，我就感觉很好。"这也是电子游戏让人欲罢不能的一个原因。

找到归属。我们前面讨论过，找到归属的需求在儿童幼年时期就已经出现，年幼的孩子需要和他们的父母建立生理和心理上的亲密关系。当他们长成少年甚至大人，这种归属于父母的需求就被一种类似的存在于他们朋友间的归属需求所取代。

充当保姆：最近有一种有趣的产品，它对孩子的吸引力很大程度上是建立在孩子渴望照顾别人的心态上，代表产品有尼奥宠物[1]。这个网站让孩子和青少年体验到收养和照顾虚拟宠物、人物的乐趣。此外，小女孩的第一个小娃娃玩具毋庸置疑地也满足了此类需求。

流行度：孩子们都渴望被同龄人接纳。这种想要"融入圈子"的渴望在青少年中尤其强烈。与这一动机有关的做法往往是寻求具有权威性的东西。某些产品可以说具备了这种"徽章价值"（Badge Value）——商家声称某个品牌的使用者或拥有者能够获得一些社交筹码或权威感。

身份感：与流行度紧密相关的一点是，孩子们也追求建立自己独特的身份。这种身份也许是和某种活动有直接关系，比如说体育运动，或者是其他业有的或者得到承认的实体。有的时候它还与同年龄的群体相关。我们看到许多孩子把他们的时尚品位作为表达身份的方式，而这种做法也在他们的朋友圈子里普遍流行。

---

1 译者注：Neopets，著名网上宠物游戏站。

享受自由。对自由的渴求在儿童成长的不同时期的表现形式也不同。有关享受自由这一动机的见解如下：

探索精神：孩子们通过触摸、品尝、抓住任何吸引他们注意力的东西来探索身边的环境，并从探索中学习。你大约可以描述出舔地板是什么样的滋味。为什么你会这样想呢？探索从来不会在他们身上停止，当孩子长到十几岁时，他们的探索不是停止而是延伸到了更刺激也更危险的地方。成功的品牌将这种动机转为向这些孩子提供合适而安全的探索体验，从而创造商机。

感受权力：小孩子总是渴望着变成少年，而少年却想做青少年才能做的事情。青少年们忙着过自己的生活，与此同时远离父母。品牌和产品可以基于这一点向他们提供获得独立的权力感。一个典型的例子是卡夫公司的免煮奶酪通心粉，它能使孩子们自己动手做出下午的零食。

卡夫方便套餐的故事

现在我们已经探究了妈妈和孩子两者动机的各个层面，我们接下来将阐释品牌公司是如何将这些动机融为一体，创造双赢局面的。奥斯卡·迈耶的卡夫方便套餐[1]是一个将儿童喜爱的主餐、饮料和甜点组合装盘而成的便携式午餐套装。对于孩子来说，这款产品为他们提供了多种吸引：在享用他们喜爱的食物的同时发现乐趣，获得感官的满足；配制专属自己的食物所产生的趣味和互动感；以及在室内用餐时使用带有"徽章价值"的产品所带来的归属感和潮流感。

该产品在 10 岁以下的孩子中十分受欢迎，而妈妈们对此却持不同的意见。许多妈妈们都认为这个品牌的产品价格过高，谈不上健康，也不十分美味。即便如此，该产品每年的销售额都接近 10 亿美元。为什么？事实上，该品牌为了得到妈妈与孩子的双重青睐，做了许多努力。为了准确定位产品，他们会说："孩

1　译者注：原文是美国卡夫食品旗下奥斯卡·迈耶肉制品公司的一款儿童方便套餐系列的名称。

子在学校刻苦学习，难道卡夫方便套餐可这样的美味不是他应得的奖励吗？再说你也知道这会让他很开心的。"接着，他们会说："孩子会为此更爱你。"

　　第一句话是一个基于妈妈自我满足动机中孩子享受层面的实例，第二句是体现了自我认可中获得家庭肯定的一面。将高价位和营养两种特性重新组构成孩子应得的奖励这一种价值时，妈妈们便有了买下产品的合理解释，还会没有愧疚感地获取其中的便利之处（简约方案）。因此，即便是以孩子为主要客户群的产品也能在实际操作中对妈妈产生足够的吸引。

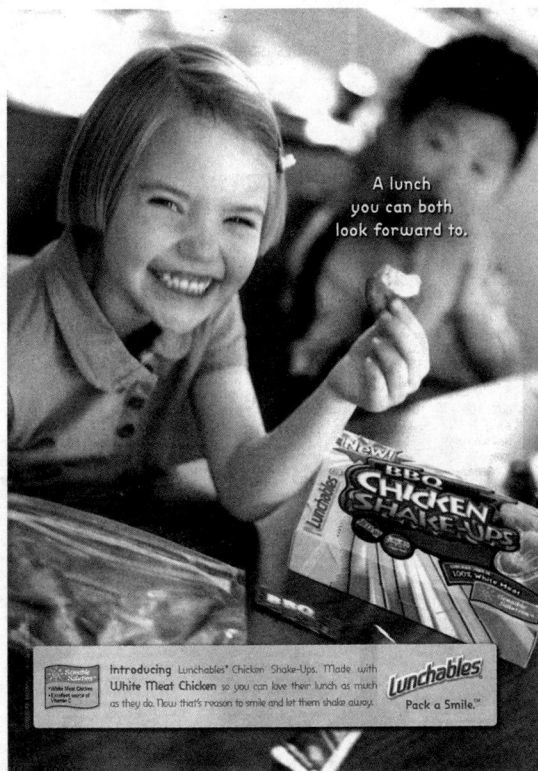

广告语：您和孩子都喜爱的午餐
产品名：烧烤鸡肉摇摇乐
产品介绍：午餐可烧烤鸡肉摇摇乐。采用优质鸡脯肉制成，您可以和孩子一样享受其中。现在就微笑摇一摇。

第五章 4i4l 消费者的决策过程

在接受咨询时我们被问及最多的问题包括："我应该主要针对妈妈还是孩子做广告，或者应该针对母子双方？""我的包装和位置应该吸引妈妈还是孩子？还是母子双方？""我的产品应该主要吸引妈妈还是孩子，还是母子双方？""我应该对哪一方进行深入研究？"老实说，这些问题中的大部分都取决于 4i4l 消费者处理产品或服务购买需求的决策。不过，如果你已经阅读了第四章的话，我们认为这样说也不为过：妈妈和孩子的需要在一定程度上是可以同时被满足的。但在目前绝大多数的情况下，孩子一定是这其中的关键因素。

如果我们想要尽最大可能去积极地影响顾客的决定，以便他们能购买我们的产品或服务，我们首先要做的一点就是弄明白父母和孩子之间的互动关系是怎样影响我们的消费者进行购买决策的。

在解决这个疑惑之前，你应该尝试了解一些妈妈和孩子之间非常重要的理念。正如朗本河·鲁斯特博士在一次儿童营销大会上的发言中所说的："第一要了解的是，父母是将你的产品推销给孩子的最佳人选。而第二件事是，孩子是将你的产品推销给父母的最佳人选。"

第二个关键理念：虽然每个人都知道孩子天生喜欢向他们的父母学习，而精明的营销者明白，父母也能够并且乐意向自己的孩子学习。正如妈妈们在妈妈现状调查中反馈的："做妈妈是一件置身其中，充实满足的事，并且也是一个持续受教育的过程。你会发现总有新东西可以学。"青少年的妈妈们甚至表示，她们从孩子对音乐、数学、科学以及教育的不同兴趣中学习到了"新世界的新事物"。

另外一个关键理念是，要意识到从幼年起，孩子们就会有一种自己的事情自己做的愿望。比如说，还在几周前，一个同事的妻子告诉我们，她的一个朋友谈到自己和3岁大的孙女去郊外的动物园游玩。当她的朋友被问到对动物园的看法时，她是这样回答的：

> 我完全不知道。我根本就没有进去。当我们到达动物园的时候，我的孙女想要上洗手间，于是我们就去了。解决完问题以后，我就帮她洗手。正当我们离开洗手间的时候，我孙女就开始大叫！她又哭又叫，还撅着嘴，根本停不下来。不管我怎样试着带她去各个地方玩，她就是不停地哭、生气、大叫。最后我终于忍不下去了，大概在动物园待了30分钟以后，我就把她拽回车里，然后就走了。
>
> 当我们开出停车场的时候，她在车上睡着了。当她打了一会儿盹儿醒来，显得平静多了，我就问她："为什么在动物园要那样哭啊？"你猜她跟我说什么？
>
> **"因为我想要自己给自己擦香皂！"**

总的来说，最终影响购买决定的是妈妈和孩子的关系。而在这个关系中，孩子想要自己做自己的事情，或者至少在对自己很重要的事情上有话语权。而对妈妈来说，她想要的是教育、照顾和保护孩子，同时让自己的生活变得相对简单一些。

你可以想象得到，我们已经发现了许多4i4l消费者在决策行为中的不同表现。其中，包括购买类型（计划购买 vs 冲动购买）、父母类型（宽容型 vs 严厉型），以及价格和商品种类等因素。

孩子对妈妈的影响

几乎从每一个例子中我们都可以无比惊奇地看到，孩子在我们 4i4l 消费者最终作出购买决定中的地位是多么重要。我们之前也提到过，今天的妈妈们在决定是否购买商品时往往会参考孩子的意见，孩子在 4i4l 消费者中的影响大小取决于孩子对妈妈的影响大小。有研究证明，在涉及为孩子购买某项产品或服务时，只有少数妈妈（小于 40%）认为是广告帮助她们作出决定的——而不是孩子。

为了取得更进一步的结果，我们在 2005 年 5 月针对 700 名妈妈做了一项量化调查。本次调查的目的在于获得当妈妈为孩子购物时，孩子的购买要求和其他潜在因素的影响力之间的对比结果。在这里，我们同样看到了孩子要求的作用力有多么强大。具体来说，除了"价格"在数据结果上与"孩子要求"保持近似，没有其他的因素能够比及这两项。

在我们的发现中尤为重要的一点是，对妈妈的购买决定而言，"孩子要求"这一项的重要性几乎是妈妈自己看到的广告的三倍！

同样有趣的一点发现是，"孩子要求"这一特殊的选项影响重大，以至于在宽容型妈妈和严厉型妈妈的调查结果之间并没有出现显著的差异。

考虑到以上结果，儿童食品销售商可以认真思考一下为什么他们还在向妈妈而不是向孩子打广告了。

我们在第三章已经发现，如果将孩子的影响考虑在内，4i4l 消费者中母子关系的黄金时期是从出生到少年早期（12~14 岁）。一旦孩子进入青少年时期，他们对于独立自主的渴望就会让他们在一些方面与父母保持距离，比如父母每天的念叨，以及他们的家庭教育等。因此，4i4l 消费者之间的联系尽管仍然存在，但对日常购物方面的作用来说却减弱

当为孩子购买食品时，下列哪一项会影响你的决定？	
价格	84%
孩子要求	83%
优惠券	49%
品牌效应	38%
听过或看过的广告	31%

来源：奇迹组织影响力调查，2005 年 5 月

了一些。

我们告诫许多前来咨询的客户，因为他们中的一些人想要开发或定位一款主要针对青少年的家庭食品或零食。青少年通常有足够的资金自己做主而不是在妈妈的陪同下购买不同种类的零食，而谈到他们对食品购物的影响，他们往往不太介意每天的零食是什么，也不会投入精力在购买食品的讨论中施加影响。他们宁愿把这些"影响力"省下来，而预留在价值更高的物品上，比如服饰、电子产品，或者一些更好的东西，比如汽车或钱。

如今的青少年不仅在妈妈与自己相关的购物中有着重要的影响力，同时在与妈妈甚至于整个家庭相关的购物中都有着更强大的影响力。

在《包装事实》杂志的一篇文章中，唐·蒙图里称："青少年不仅在他们自己的消费项目上作决定；他们还对身边的人如何花钱施加影响。有青少年的家庭的消费习惯与其他的家庭完全不同。他们会去新开的商店购物，也会在购物的时候花更多时间逛来逛去。"

我们已经了解到孩子对一些购买项目的极大影响，比如家庭旅行。事实上，在我们近期结束的影响力调查中，孩子在家庭旅行中的影响比重占了49%。这其中的许多情况是，孩子们要么具体提出了一个旅行的目的地，要么是在父母征求意见时直接否定了原定的旅行计划。那么结果是什么呢？整个家庭包括妈妈最终选择了一个孩子喜欢的旅行地点。

在我们与辛辛那提动物园的调查工作中，我们发现只要有妈妈参观的地方，旁边就会有她们的孩子。你认为妈妈们如果不是因为自己的孩子想来，会自己出钱来动物园观光吗？我们已经了解到了其中的事实：他们不是主动来的，大部分没有再来动物园的大人们称，他们不再来游览是因为孩子们都长大了！

我们同样看到，孩子对家庭汽车购买的影响力。在这里，我们的影响力调查发现，在有2~14岁孩子的家庭新近买入的汽车中，孩子对其中的至少三分之一发挥了影响。家长经常跟我们说，他们自己在不同的车型上犹豫不决，因为他们的孩子喜欢有一款很酷的车接送他们上下学。

那些为汽车装置了杯座、隔间和视频的汽车厂商值得夸赞，因为这些都是今天的孩子想要的。我们对一些品牌汽车如悍马也同样给予赞赏，因为即使只是开着它接送孩子上下学，妈妈想要取悦孩子的强烈愿望也能得以实现。

我们看到孩子对妈妈的影响力持续升级到房屋的购买上。请大家记住，大多数年轻夫妻购买新房的原因是他们需要给孩子更多的房间。当一个充满憧憬的家庭走进未来的新房子时，孩子会怎么做？在大多数情况下，他们会立马要求看他们"自己的"房间。当他们看到了房间，感到它可能会带来的乐趣——甚至开始想要一个双层床——那么压力就从此刻开始了！

而有多少妈妈会因为孩子的影响而选择了某个发型、某件衬衫，甚至某套衣服？在接下来的论述中你将发现这远比你想象得多。

孩子对儿童产品购买的影响

为了得到孩子作为 4i4l 消费者的一方影响今天家庭用品购买的准确结果，我们在 2005 年 6 月做了一项研究，在调查中让 800 名妈妈回答哪些儿童用品的购买受到了孩子的影响。下面是我们收到的一些结果。

当为孩子购置物品时，4i4l 消费者中孩子的参与是毋庸置疑也不令人惊奇的。基本上，如果没有孩子一同决定，妈妈一般是不会下决定买东西的。这再次说明了，妈妈不需要那种既花时间又费钱，买回去孩子又不喜欢的东西带来的烦恼。一些妈妈

孩子对儿童产品购买的影响

（百分之几的）妈妈认为孩子影响了下列产品的购买

运动鞋	86%
儿童清洁用品	61%
糖果／口香糖	80%
冷谷物食品	82%
儿童服装	85%
饼干	76%
快餐店	83%
速冻早餐	82%
速冻晚餐	86%
速冻披萨	70%
水果点心和糖果	81%
谷物能量棒	86%
儿童家具	64%
儿童家装	79%
儿童用电脑	60%
果汁／果味饮料	81%
家庭影院影碟	92%
唱片	92%
电子游戏	88%
维他命	53%
酸奶	87%

来源：奇迹组织影响力调查，2005 年 6 月

悍马

妈妈：第一天上学，紧张吗？
（沉默）
妈妈：想让我在这里停吗，你好直接走
过去？
孩子：不，你可以直接开到那里停。

你肯定你没事吗？

孩子：应该没事。
妈妈：再见，宝贝。

学生走向学校。

一个男生对一群学生说："什么？"

学生们：车真够棒的。

即使只是开着悍马接送孩子上下学，妈妈想要取悦孩子的强烈愿望也能得以实现。

们在我们 2005 年奇迹组织母 / 子影响力调查中是这样说的：

> 我的孩子对我给他们买的东西的态度是很重要的。如果他们不喜欢，那我可就浪费了一大笔钱。
>
> 5~7 岁男孩的妈妈
>
> 如果哪款产品直接打动了他，而且只打动了他一个，那么他会给我们很大的压力。
>
> 8~11 岁男孩的妈妈

虽然儿童食品的选择会自然而然地受到孩子很大的影响，一个有趣的事实是，为孩子置办的家具、居室装饰以及个人电脑也会受到孩子们的左右。

进一步调查发现，虽然各年龄段的孩子对几乎所有与他们相关的产品都有很强的影响力，更大一些的孩子（8~14 岁的青少年）对运动鞋、清洁用品、服装、速冻早餐和家具的影响力尤其大——而我们发现，这些大都是非食品类产品。

孩子对儿童产品购买的影响

百分之几的妈妈认为孩子影响了下列产品的购买

儿童年龄段	2~7 岁	8~11 岁	12~14 岁
运动鞋	76%	96% A	93% A
儿童清洁用品	52%	70% A	76% A
儿童服装	78%	92% A	91% A
速冻早餐	70%	92% A	94% A
儿童家具	54%	71% a	100% AB
电子游戏	79%	88%	93% A

A 代表：与 2~7 岁孩子相比显著差异在 95% 以上；B 代表：与 8~11 岁孩子相比显著差异在 95% 以上；a 代表：与 2~7 岁孩子相比显著差异在 90% 以上。

来源：奇迹组织影响力调查，2005 年 6 月

孩子对家庭用品购买的影响

为了更好地理解孩子对妈妈购物方面的影响力，我们也调查了孩子对某项并不是专门为他使用，而更多是为整个家庭或大人使用的产品的影响力。

孩子对家庭用品购买的影响

固体肥皂	31%	房屋或公寓	47%*
瓶装水	30%	冰激凌	63%
蛋糕粉 / 糖霜	48%	上网服务器	24%
糖果 / 口香糖	64%	果汁 / 果味饮料	69%
休闲餐厅	42%	卫浴洗涤剂	25%
冷谷物食品	75%	电影院看电影	76%
饼干	62%	家庭影院看电影	66%
快餐餐厅	68%	宠物食品	19%
速冻早餐	64%	唱片	52%
速冻晚餐	49%	碳酸饮料	48%
速冻披萨	55%	咸味零食	55%
水果点心和糖果	75%	牙膏	50%
家庭汽车	32%	旅行	46%
谷物能量棒	49%	电子游戏	71%
居室装饰 / 油漆 / 地毯	41%	维他命	48%
家用电脑	29%	酸奶	65%

含 * 号代表在青少年及以上年龄段有 25% 的降低

来源：奇迹组织母 / 子影响力调查，2005 年 6 月

对大多数营销者来说，这可真是始料未及！我们一再谈到孩子对自己使用的物品有选择权是很自然的事，但由于 4i4l 消费者的存在，今天的孩子几乎成了妈妈的跟屁虫，跟随着妈妈参与了她的每一项购物活动，其中不仅包括他们要用的东西，还包括了全家使用的东西。我们甚至发现，有四分之一的妈妈认为她选择洗涤剂时要受到孩子的影响，这不得不让人吃惊。为什么会有这种情

况发生？一位 8~11 岁女孩的妈妈是这样告诉我们的：

> 我买他们要用的洗涤剂和肥皂。他们也喜欢和我一起挑选香味什么的。

而且，我们以前就已经发现，当孩子们慢慢长大，在有关全家使用的产品的挑选上，他们可能对购物决定构成更重要的影响。

孩子对家庭用品购买的影响

儿童年龄段	2~7 岁	8~11 岁	12~14 岁
糖果 / 口香糖	53%	72% A	74% A
儿童清洁用品	36%	46% A	49% A
休闲餐厅	56%	66% a	69% A
饼干	48%	58% a	64% A
速冻披萨	41%	49%	65% AB
谷物能量棒	70%	80% A	81% A
电影院看的电影	33%	54% A	70% AB
唱片	33%	58% A	58% A
碳酸饮料	47%	63% A	64% A
电子游戏	64%	72%	84% A

A 代表与 2~7 岁孩子相比显著差异在 95% 以上；B 代表与 8~11 岁孩子相比显著差异在 95% 以上；a 代表与 2~7 岁孩子相比显著差异在 90% 以上。

来源：2005 年奇迹组织母 / 子影响力调查，2005 年 6 月，调查基数为 800 名妈妈

孩子对大人专用物品购买的影响

最后，仅作为一个冲击值来看，当那些购物妈妈仅为自己或为另外一个大人所购买的东西时，我们再次看到了妈妈会取悦孩子或是倾听孩子的需要。从她

的私人汽车、她的衣服、她的家具到她的家庭清洁用品的选择，她的孩子全都一一参与。

> 至于穿哪件衣服好看，我总是询问她的意见。
>
> 5~7 岁女孩的妈妈

孩子对大人专用物品购买的影响	
汽车	40%
成年人清洁用品	20%
成年人服饰	20%
成年人家具	23%
居室装饰	18%
家庭清洁用品	34%
唱片	21%
碳酸饮料	24%
来源：奇迹组织影响力调查，2005 年 6 月	

故事的全部

要将 4i4l 消费者中孩子的真实又惊人的能量完全发掘出来，需要考察孩子对妈妈购买的所有物品的影响力，不管这个物品是为孩子自己、妈妈自己还是为全家购买的。从下面的表格中，我们可以看到，孩子对买回家的所有水果的选择拥有 79% 的影响力。

孩子对所有购入物品（不管是孩子专用、大人专用还是全家使用）的影响力
从最强到最弱排序

水果点心和糖果	79%	牙膏	51%
电子游戏	77%	蛋糕粉 / 糖霜	50%
运动鞋	77%	唱片	49%
电影院看电影	77%	房屋 / 公寓	47%
冷谷物制品	76%	维他命	46%
果汁饮料	72%	旅行	44%
家庭影院影碟	70%	碳酸饮料	43%
快餐餐厅	68%	休闲餐厅	41%
速冻早餐	66%	居室装饰	39%
酸奶	65%	汽车	39%
冰激凌	64%	固体肥皂	30%
糖果 / 口香糖	64%	瓶装水	30%
饼干	64%	家庭清洁剂	28%

续表

速冻披萨	56%	卫浴洗涤剂	27%
咸味零食	55%	宠物食品	25%
谷物能量棒	52%	家用电脑	24%
速冻晚餐	51%	网络服务器	22%

来源：2005 年奇迹组织母 / 子影响力调查

再补充一点，即使是在那些受 4i4l 消费者中孩子一方影响较小的商品中，你一定会想知道如果营销者对这其中的某些产品或服务改为面向孩子营销，那么这些数据是否还会保持这样低的水平。重要的是，4i4l 消费者中孩子的角色对最终决定的影响程度与以下因素有着紧密的关系：对品牌的熟悉度（而这种熟悉度又是来自之前的个人经历），同伴影响，对广告是否关注，或者至少在产品包装上看到了他们熟悉的东西。

许多营销者没有意识到，如果一种商品目前并没有呈现出高度受到孩子决定影响的特征，那么这有可能是由于这类商品中少有产品是以青少年用户群作为广告对象的。记得还在不久以前，像酸奶、旅行、零售、服饰、音乐等许多其他商品都很少有孩子参与的成分。今天的差别在哪里？所有的这些商品类型都开拓了儿童市场。

举个例子说，在考察去动物园游览的客户行为模式时，我们看到，虽然大部分的参观群体是妈妈和她们的孩子，但是在研究中妈妈们表示，她们的孩子从未主动提起过要去动物园参观。而反观动物园的营销战略，我们看到实际上它从未真正地向孩子做广告。而一旦我们启动了一个针对孩子的营销策略，孩子们的要求就会立竿见影地上升，动物园的观光率也会大幅增加。

那么，让我们想象一下，如果宠物食品公司打出孩子喜爱的广告，其中暗示如果喂某品牌的食物给宠物，它们就会更喜欢这样的小主人。或者，我们可以想象如果一种瓶装水让孩子出现在他们的营销广告中会带来怎样的效果。在"开心乐园餐"以前，孩子对快餐行业的影响可能是只是今天的一小部分而已。

　　有的时候我们会发现，如今的部分青少年可能会出于某种原因对一类商品不那么感兴趣，老实说这是因为他们想在一些更重要的购买需要上发挥作用。比如说，十几岁的孩子对妈妈在冰箱里放了什么食物已经不那么关心了，只要他们觉得可以接受就好。而他们更加关心的是服装、娱乐产品、汽车等等。那么，最近孩子们乐于影响的领域是电子产品这一现象也就不足为奇了。比如在2005年，孩子们热衷的是iPod。青少年想要这种最简约最潮流的东西，而它们的售价在99到499美元不等。问题在于，这些青少年中只有10%有工作，而这些年轻的工作者平均每周只赚29美元。那么猜猜看谁会受影响而给这些青少年买到iPod？或者，且不说iPod，新手机也是同理。有四分之三的孩子目前拥有一部iPod或新手机，而他们的家长为他们的无线计划支付75%的费用。

　　当遇到产品或商品类型与潜在目标客户之间明显不匹配时，你可以一方面找办法动员目标消费者发挥他们的影响力，或者另一方面你应该在别处寻找最合适的目标。比如说，如果某一类型零食是最适合少年的，你可以将这个产品定位给家中年龄较小的青少年，以便让他们把产品带回家。而到那时候，惊喜就来了，青少年们会很乐意购买你的产品。

　　还有许多其他的产品我们未能一一挖掘，但是鉴于我们在影响力调查的访谈中得到的一些信息，我们可以保证，如果孩子不同程度地参与了这些方面，那么他们将成为我们4i4l消费者决策过程的重要部分。我们对2~14岁孩子的妈妈们做了一些访谈，并从中选取了一些片段供大家参考：

　　　　我鼓励我的孩子告诉我他对什么感兴趣。我可以更好地了解他，知道他关注些什么，以及他对一个事物的哪些方面感兴趣。

　　　　　　　　　　　　　　　　　　　　　　　　2~4岁男孩的妈妈

　　　　我的儿子正在学习自己思考，我很乐意让他自己作决定，并且我也同样喜欢给他机会让他自己选择。

　　　　　　　　　　　　　　　　　　　　　　　　2~4岁男孩的妈妈

我想要让他们感觉到什么对他们来说是重要的，并且让他们感觉到他们的需要对我来说也是重要的。

2~4 岁女孩的妈妈

我的女儿知道她喜欢些什么，并且总是会发表自己的意见，我们就总是将她的意见付诸实践，带回家里来。

2~4 岁女孩的妈妈

我认为我的孩子能提供很多购物方面的信息，并且他的意见既有自己的判断，又是思考成熟的，他的想法也很周全。

5~7 岁男孩的妈妈

我有两个大儿子，而我 6 岁的小儿子很清楚他们的品位，因此他在我每次给大儿子或他们的老爸买东西时都能帮上大忙。

5~7 岁男孩的妈妈

我不想在我女儿不喜欢的东西上浪费钱，所以她怎么想很重要。而且，我还喜欢买一些能让她觉得自己的决定很重要的东西。

5~7 岁女孩的妈妈

有的时候对于一种香氛或是家庭清新剂，她会告诉我哪些产品的气味太浓，我就不会买那些产品。她对我的购物提供了很大帮助，虽然她只有 7 岁，可我觉得这实在是太棒了！

5~7 岁女孩的妈妈

他的帮助让我几乎对所有的新产品都保持密切关注。

8~11 岁男孩的妈妈

我总是让我的儿子感到他在我们的家庭采购上是有话语权的。

8~11 岁男孩的妈妈

他们对于衣服、日用品等非常清楚。所以试着猜出他们会接受什么实在是太冒险了。

8~11 岁女孩的妈妈

在我决定买什么东西的时候，我的孩子的意见非常非常重要，她会对我买的许多东西有很好的评价。

8~11 岁女孩的妈妈

他会告诉我哪些商品是好东西，哪些不该花钱买。他对价格也很留心，当有降价之类的时候他就会告诉我有物美价廉的东西可以买了。

12~14 岁男孩的妈妈

他在四年级科学课上做的实验到现在还影响着我们选购卫浴清洁剂的方式。

12~14 岁男孩的妈妈

她从杂志上获取时下潮流的知识。她的意见很有价值，虽然她知道最终的决定权还是在我们，但是我们会充分地考虑她的意见。

12~14 岁女孩的妈妈

我的女儿很聪明，我总是会把她的意见考虑在内。她也很喜欢和我一起购物。

12~14 岁女孩的妈妈

你可以从以上的陈述中看到，4i4l 消费者的决策过程是从妈妈想教育她的孩子开始，到孩子的意见变得有帮助，直到最后孩子反过来教育或指导妈妈。

不是每个妈妈都喜欢孩子的帮助

公平地说，不是所有的妈妈都会对营销者努力"帮助"她们照顾孩子而感到高兴。虽然在我们调查中绝大多数妈妈的看法都反映出受孩子影响较大的特点，但并不是每个人的意见都保持一致。

重要的是，虽然妈妈们在许多时候都期望让她们的孩子参与到购物的过程中来，但是由于营销者的工作疏忽，她们经常会遇到一些难题。伊利诺伊大学香槟分校广告与传播专业副教授丹尼尔·库克博士发现：从一方面来看，在给孩子提供他们想要的东西以及允许孩子自己选择时，妈妈们会感到由衷的开心；但从另一方面说，一些妈妈认为儿童用品的商业市场大多表现出同一性，且具有她们想要克服却难以克服的危险障碍。

当谈到购买食品和卫生许可的产品时，妈妈们会不时地向库克博士表达出对于市场几乎充满敌意的观点，她们认为制造商和媒体公司在本质上是一样的。一位 31 岁的妈妈感叹，她的孩子在年纪很小的时候就懂得通过食品包装上不同的人物来辨别、挑选喜欢的食品了：

> 还有他们总是有马克罗尼意面的各种产品……比如说，一般马克罗尼意面都有好几种，但是通常史努克（当地的食品杂货连锁店）会有疯狂意面、海绵宝宝意面、史酷比意面等等……当然了，普通的 33 美分一包的马克罗尼意面就没人买了……而那些带有卡通人物的意面净含量少，价格还更贵。这些小包装的意面通常摆放在过道上，他们还会用更多小包装的东西来吸引小孩子。

这位妈妈同时还谈到了她控制谷物食品用量上的困难，因为孩子们完全被外包装上的卡通人物吸引，她没办法把食物从盒子里拿出来。而结果是"一半的谷物食品被洒到了车里的地板上，你还得拿吸尘器把后座里掉的东西吸出来"。

孩子同意，他们也有部分决定权！

一般来说，孩子们会根据他们影响力的大小来决定是否同意妈妈的选择。根据最新的哈里斯互动调查公司青年部门（Harris Interactive YouthPulse）的调查结果，如今有 84% 的青少年认为他们影响了家庭购买食品百货的种类。几乎有

8~12 岁的儿童表示自己的影响力	
服装 / 饰品	93%
录像 /DVD	93%
电子游戏	87%
食品百货	84%
运动器材	71%
旅行	62%
软件	57%
交通工具	22%
来源：哈里斯互动调查公司青年部门	

四分之一的青少年谈到他们的意见影响了家中交通工具的购买。而这些数据基本上与妈妈在调查中体现的一致。

现在我们介绍一下最后一项无形的影响力。有多少妈妈是因为在和孩子一起看电视时，或者因为孩子看的电视中插播的广告而为自己或全家购买了某些商品？想一想那些美国公共电视台里经常播出的面向大人和妈妈的广告和赞助信息吧！

父母们不仅在购买什么东西上听从孩子的建议，还会接受他们的意见，去他们推荐的购物场所买东西，尤其是当购物的活动涉及服装和饰品时。有 80% 的家长同意他们的孩子对购物场所的喜好在一定程度上是重要或是相当重要的。另外，孩子们也极大地促进了父母们网购习惯的形成。根据美国市场研究公司 ClickZ 的调查统计，有一半以上的父母由于受他们孩子的影响而在一个网站上进行购物，而 42% 的家长受孩子的影响点击了网站的广告。

库克博士在他的研究中还发现，"当妈妈们成功地与孩子一起参与到共同合作的购物中时，她们会表达出对商店和产品最积极的评价和感受。"比如说，库克博士发现，为孩子筹划生日庆祝活动是每个妈妈都感到特别满足的事，而其中有相当一部分原因是由于整个活动建立在母子互动的基础上。妈妈们在调查中称她们自己会踊跃地让孩子也参与到筹划中，有的时候还包括小到 3 岁的孩子。随着孩子年龄的增加，妈妈会让他们参与整个庆祝活动计划，包括策划主题、邀请宾客、设计现场游戏和派对形式，以及挑选他们喜爱的蛋糕等。

一位育有两个孩子的 32 岁的妈妈在谈到她让自己 3 岁的女儿参与 4 岁生日的准备过程时，是这样说的：

大概是六个星期以前，我们告诉她，她的生日就要到了，我们要多关注一些。她的生日在 7 月底，因此在 6 月我们就基本开始准备与生日有关的事项了。我告诉她，如果她愿意的话，可以告诉我她想要什么样的蛋糕，还有想办一场怎样的生日派对。

她跟着我去了蛋糕房，在那里工作的女士坐在她旁边询问她，"你想要什么样的蛋糕？""当然是巧克力的。"她说。"那么你想要哪种内馅呢？""巧克力！"

她想积极地参与整个过程。她还用喜爱的糖果把自己的彩陶罐填满……

此外，妈妈有时会依照孩子的意见行事，因为这样做以后她自己就能在朋友面前留下好印象。每当孩子要举办生日派对时，库克博士发现学龄前孩子以及小学低年级孩子的生日派对更容易受到妈妈的创造力以及其他妈妈的主张的影响，相对而言孩子的要求则体现得不太明显。一些妈妈正是因为有创意的主题、派对点子和活动的筹办而在社交圈里大放光彩。

生日派对和圣诞节、万圣节一样，是让妈妈们大显身手的场合。这时商场里的各种装饰、图画和摆设都对她们的再创造有着关键作用。每当这个时候，妈妈作为孩子世界的守护者便不那么排斥那些花哨的商品了。而这些商品的使用还能在妈妈们之间展示她的技巧，体现她的别出心裁。

这样的情况对多种商品都适用。许多新晋妈妈会买最贵、最时兴的婴儿车、婴儿服饰和婴儿玩具。这更多是一种宣示身份的行为，而非出于其他原因。毕竟，在花 729 美元就可以买到一个巴格堡手推车[1]的情况下，为什么要浪费 230 美元从婴芙乐买一个顶级的婴儿车呢？

还有，不要忘了那些"妈妈必选"的儿童产品，比如椰菜娃娃[2]、孩之宝玩

---

1 译者注：Bugaboo，一家荷兰公司，以设计生产移动性的产品而出名，特别是它具有创新性的儿童拖车。

2 译者注：Cabbage Patch，上世纪 80 年代就畅销全球的玩具，目前的销售额仍排名玩具类前四。

具水枪[1]，以及瘙痒娃娃[2]。当这其中的某一件在今年"妈妈必选"的清单上榜上有名时，家长们便会不惜一切代价把它们买回家。他们会事先预定或是打遍整个城市的商店电话询问到货情况。他们还不惜贿赂商家，排几个小时的队等待，只是为了能够买到一样能证明他们是为人父母的好榜样的东西。

儿童成为 4i4l 消费者中重要且极具影响力的组成部分，是不久前才逐渐发生的。有研究表明，儿童和婴儿的图片能够激发成年人积极正面的反应。当被要求在一张成年人的图片和一张婴儿的图片中选择一张的时候，大人们都会选婴儿图片。正如我们之前谈到的那样，一旦知晓自己怀孕，妈妈们就会在自己的饮食和居住环境上作出诸多调整。她会减少酒精饮料的摄入，而加强蛋白质、维他命等营养成分的补充。

新生儿会通过他们的动作和反应来影响妈妈。一个重要的发展阶段出现在孩子 3 个月大时。这个时候，婴儿面对大人微笑的面容，会开始集中注意观看和用眼神交流，还会以微笑回应。当父母和孩子同时微笑的时候，一个全新的情感纽带就在他们之间产生了。

库克博士从妈妈那里得到确认，她们的孩子到了 2 岁的时候，就开始学习认字，甚至有一些妈妈表示已经限制孩子对媒体产品的使用。

妈妈对孩子的影响

妈妈对孩子的影响之大显而易见。毕竟，她才是拿主意的人。如果她愿意，她可以坚持让孩子按她的意思做事。她掌管着家里的财政，她还教会孩子在他们理解范围内尽可能多的购物技巧。她是给予者、机会的提供者，也是询问者。第二章中我们曾讨论过，今天的孩子认为妈妈是生活中重要的合伙人。她是孩

1　译者注：Super Soaker。
2　译者注：Tickle Me Elmo，2007 年全美最畅销玩具。

子最可能寻求建议的对象。

在我们多年对母子进行调查的过程中，我们发现有以下几种随年龄变化的决策方式。

1. 妈妈推荐及影响产品的第一次试用，孩子影响第二次购买

当孩子还是婴儿的时候，妈妈是那个让孩子看到大千世界的人，这个世界里也包括了商品和服务。她还会决定如果争论发生，她能在多大程度上接受孩子的想法。请看妈妈是如何将孩子带入美妙可口的婴儿食物世界吧。她第一次介绍食物给孩子，并喂给孩子一汤勺豌豆。孩子尝了以后出现了奇怪的表情，然后把豌豆吐出来，并且表现得很生气，这将直接导致妈妈下次不会再买这种食品了！

妈妈影响购物的事实对那些经久不衰的畅销品牌有很重要的意义，这让这些品牌在行业竞争中保持领先有着明显的优势。因此芭比（Barbie）成功的秘诀之一就是它永恒经典的芭比娃娃本身。和其他产品不同的是，芭比娃娃在销售中探索出了成功的模式：不断保持产品更新，让零售商在维持供应链的同时以强势的手段进行年复一年地促销。因此妈妈们对芭比娃娃保持了充分的熟悉感，并会一直认同这个品牌。

这里的关键词是"足够新鲜"。今天的零售商们若想维持一条供应链的顺畅，他们就需要各式各样的新产品，尤其是新式的玩具。因此，芭比娃娃们就有了新的服装、新的娱乐活动，或者是一个新朋友。如此一来，它不仅让零售商和孩子们感到了新鲜，而且在本质上还是陪伴妈妈当年一起长大的芭比娃娃！并且，在这种情况下，妈妈会带有一些私心，鼓励她的女儿买一个芭比娃娃，并带领她进入芭比的世界。

今天，我们不难发现，许多其他的玩具零售商正在试图将妈妈儿时的最爱比如爱心飞吻熊（Care bears）、小马宝莉（My little Pony），以及胖胖狗（Pound puppies）带回市场，希望在获得妈妈青睐的同时获得更多的收益。但是，需要从芭比娃娃身上学习的是，如果这些商家想要与零售商建立长期的产品供应关

系，那就需要一项计划来保证在以后的许多年里这个品牌产品依然会常看常新，并且能给人带来振奋。

有着自己一套原则的妈妈们需要教育和熏陶孩子。妈妈通常为孩子介绍安全、健康、益智的产品。你可以想象，孩子的提议在这个部分几乎是可以忽略不计的。但是，如果孩子拒绝，或者甚至妈妈怀疑孩子会拒绝，那么她就有可能不会买下这样的产品！

最后，关于妈妈的影响力中尤为重要的一点是：虽然这种影响最初是在孩子幼年时出现的，但这种最初的影响却能带来持久的效力。我们不得不再次提到芭比娃娃。今天的妈妈影响女儿购买芭比娃娃，正是因为许多年前她受自己的妈妈影响而得到了一个芭比娃娃。这一点对今天的制造商而言极为有价值，因为如果他们成功地找到了新的儿童消费者，而一旦这群消费者步入成年，那么她们可能会将这种商品介绍给她们就的下一代。

有研究证明，在许多情况下，女大学生或其同龄的女生在品牌的喜好上非常强烈地受到她们妈妈偏好的影响。根据《营销研究》(*Journal of Marketing*)上的一篇文章介绍，在涵盖了基本所有商品种类的品牌调查中，36% 的家庭里妈妈和女儿所购买的品牌是一致的，而这项调查得出的概率是普通概率事件的两倍。

这表明了什么？我们可以自然地想到，营销者在一段时间内将妈妈作为主要的潜在客户，尤其是在婴儿用品和学龄前儿童用品上。在这种情况下保持与妈妈的沟通是很重要的。但是，当孩子成长起来后，仍然不考虑孩子的想法则是完全错误的。

一方面，在广告和包装上对孩子传递信息，会让他们在拿到妈妈推荐的产品时更有可能接受。根据妈妈们的反馈，她们实际上很欣赏营销者在产品营销中尝试与孩子沟通的行为，因为这样有利于她们说服孩子接受不同的产品。举例来说，根据扬克洛维奇青年调查，有 75% 的 6~11 岁孩子的家长同意"专为儿童设计的健康而美观的辅助产品会帮助我的孩子更好地培养卫生习惯"。

2. 作为推荐者和影响者的孩子

随着孩子的成长，他们在整个决策过程的地位也变得日趋重要，这使得妈妈的角色退居到了接受者或拒绝者的层次。在孩子刚长大一点儿时，他们会很自然地通过简单的提问或陈述将自己的影响发挥出来，比如"我要那个"等。当孩子长到少年初期，他们的影响力增长到童年所有阶段中的最高点，而在这个时期孩子们能更透彻地懂得商业信息的含义，他们也会提出更具体的要求。和儿童及更年长的青少年不同的是，这些少年没有购买能力，不能独立进行重大的购物活动，因此他们只能依靠自己的影响力来获取所需要的东西。

营销者的产品和服务都能从这种决策形式中获得一些收益和启发，他们可以看到一个简单容易的目标——4i4l消费者中的孩子。营销组合中的所有部分，从产品、价格、分配和沟通上都需要将孩子的因素考虑进去。

此外，余下部分能够说明许多妈妈们事实上欣赏制造商们履行她们的角色，适当地向孩子进行推销。2003年的扬克洛维奇青年调查报告称：

● 70%的家长同意这种说法："当我的孩子知道他们需要哪种品牌或他们喜欢什么东西时，我购物时就更轻松了。"

● 50%的6~11岁孩子的家长同意这种说法："使用专门为孩子设计的食品，省去了为孩子寻找他们愿意吃的食品的麻烦。"

正如在我们的调查中一位妈妈这样说道：

> 我感觉如果在我买了一个新东西时他们也参与其中了，他们会更渴望尝试这个东西。
>
> 8~11岁女孩的妈妈

3. 孩子是推荐者，但妈妈是影响者

在这部分提及的产品或服务是越过了妈妈所认为的健康、安全或价格基准线的。虽然这些都不是孩子担忧的问题，但妈妈却很有可能在孩子想要这种产

品的情况下阻止孩子购买。这种情况可以在早期的概念测试中得到揭示，一项产品在这类测试中很可能在孩子的评分中是 A，而在妈妈的评分中是 F。这对于我们来说是一个重要的警告，尤其是考虑到严厉型妈妈在很多情况下都会在与孩子的争论中占上风。

对于这种问题该如何处理？使用研究调查来更好地理解妈妈对产品的关切，如果可能，找到一种方法让她们对其中的基本理念更为接受。如果产品是食物，则添加维他命或其他有益健康的配料；如果产品是玩具，就安装一些安全措施或有助成长的环节。最重要的是，要将这些特性在你的产品包装中明确地指出来。麦当劳最近启动了一项营销战略，旨在对妈妈宣传他们现在使用纯鸡脯肉制作麦乐鸡块。你认为这仅仅是出于礼貌吗？不是的。这是为了尝试缓和妈妈在孩子想吃麦乐鸡块时可能产生的负面影响。

当然妈妈对孩子也有正面的影响力。当一个女孩去买衣服时，我们看到妈妈是怎样将女儿带到某个零售商处，这个决定或许是妈妈自己作的，也或许是孩子要求的。然后这个女孩会自己选择或在妈妈的帮助下选择一些商品。而最后的选择过程很有可能是：孩子穿上衣服以后询问妈妈的意见！

4. 妈妈或孩子作为推荐者或影响者

我们经常发现一项产品或服务会让母子双方同时受用。他们两人都有理由向对方推荐这样的商品，同理，另外一方也很有可能会接纳。

这类产品的一个代表是儿童美味餐，它是 3~8 岁儿童的首选速冻食品。妈妈们喜欢它是因为其均衡的营养搭配（健康角度）以及在妈妈看来，孩子喜欢所带来的选择便利（简约方案以及养育需要）。孩子们喜欢它是因为它吃起来有趣，还含有他们最喜欢的食物。孩子同时也很熟悉它的产品，因为它主要的广告对象就是孩子。

这些产品种类能够为营销者提供额外的选择。你既可以出于效率的考虑而将孩子作为主要广告对象（具体情况我们将在第十章中谈到），或者在预算允许的条件下，可以选择同时对母子双方进行广告宣传。

受商品种类影响的母／子影响力

在最近几年，我们发现了一个整体趋势，那就是 12 岁及以下儿童的妈妈们在对待不同的儿童用品种类时，会用到以下四种不同方式中的一种：孩子推动、最终选择、妈妈推动和考虑之外。

●**孩子推动**。在这里出现的商品，有直接面向孩子的强势市场广告或相关的吸引策略，而孩子是商品定位中最主要的影响者和可能的购买者。饮料、糖果、玩具、软件、服饰等都可以纳入这一范畴。

●**最终选择**。这时妈妈变成了我们第三章中讨论过的"选择提供者"。对于琳琅满目的各类商品，妈妈会引导孩子接近其中的一种，但允许自己的孩子选择最终要购买的品牌。这是一个很常见的现象，因为它为母子双方造就了一个基本的双赢局面。妈妈会带领孩子走近商店的水果零食区，然后让她的孩子最终决定买某个品牌的某种产品。妈妈也许会带孩子去速冻食品区，或是直接引着孩子来到儿童美味餐前方，然后让孩子选择其中的某一种口味。

> 在我计划购买的东西中间，我鼓励他选择他喜欢的口味或款式，比如说水果零食的口味、冰激凌的口味等等。
>
> 　　　　　　　　　　　　　　　　　　　　　　　　2~4 岁男孩的妈妈
>
> 我决定为孩子买点酸奶，她可能会自己选好想要的品牌或风味。
>
> 　　　　　　　　　　　　　　　　　　　　　　　　8~11 岁女孩的妈妈

●**妈妈推动**。这部分商品是妈妈很希望为孩子购买的，如蔬菜、水果，还有麦片、健康食品、教育软件等。

●**考虑之外**。这一范畴的商品既不是妈妈想要的，也不是孩子想要的。可能手风琴就是这一类的吧！

自然我们会想到，决定你商品的种类位于哪个象限能帮助你更好地理解购买的影响力从何而来，而这种理解应该对营销有着直接的参考作用。下图是一些案例：

4i4l 消费者矩阵

孩子的需求高

	最终选择		孩子推动
	● 麦片		● 电影
	● 糖果		● 酸奶
	● 水果零食		● 玩具

妈妈的需求高 ←———————————————→ 妈妈的需求低

	● 蔬菜		● 背带
	● 手风琴		● 维他命
	● 水果		
	妈妈推动		考虑之外

孩子的需求低

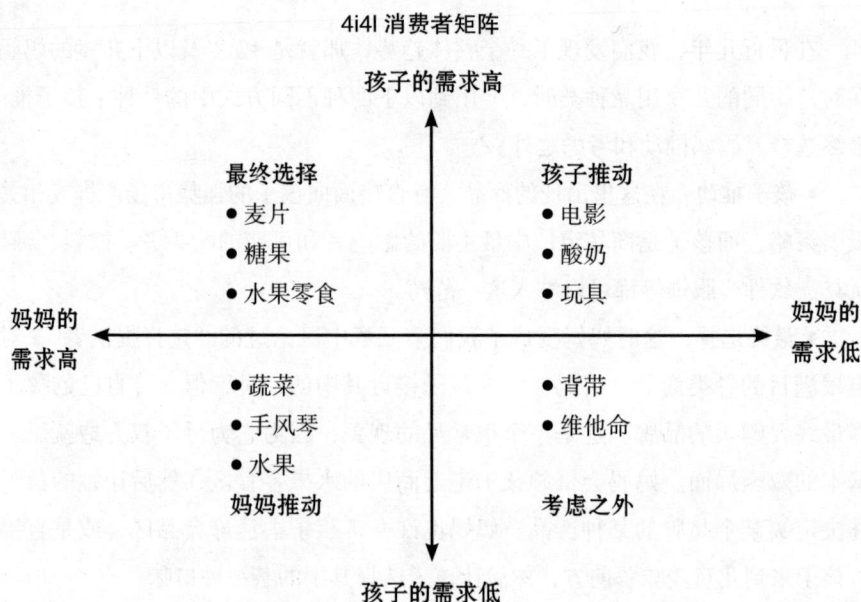

● **孩子推动**。制造商们对这类商品应该特别引起注意，它面向孩子的广告必须直接而有效。孩子在这个环节中的作用既是推荐者又是影响者。妈妈由于不便插手而在一般情况下不会反对孩子这方面的任何要求。

● **最终选择**。在这种情况下你应该同时顾及对孩子的营销，至少是在包装上体现出能强烈吸引孩子的特质。弄清楚孩子通常会找寻他们觉得熟悉的产品，或者是看到产品包装会兴奋地大叫的特点。"专为你制作！"，打造这种感觉的产品包装应该包含能体现童趣的图像，或者在条件允许的情况下，放上一个孩子熟悉的卡通人物或标志。如果可能的话，在广告和促销环节也要将孩子考虑进来。我们再提一句，孩子首先会被熟悉的东西所吸引，进而萌生想拥有这种东西的渴望。广告对于低龄儿童的主要作用就是能使他们在现实世界中认出这种产品。

● **妈妈推动**。由于妈妈是这类产品的主要推动力量，营销者应该很自然地首先将目光瞄准妈妈们。但是，在许多情况下，这类产品会以这种或那种方式受到孩子的影响。因为妈妈们对这一象限的商品事先已有了自己的倾向，如果营销者能够尽可能帮助她将某一件产品或品牌变得对孩子更有吸引力，这对妈妈而言是特别有用的。因此，在这种情况下，面向孩子的营销仍会起到一定的作用。记住，妈妈们很容易受孩子最终否决票的影响，你要做的就是尽可能地防止这种否决的发生。

举个例子来说，在某个时期我们看到了一种专为儿童设计的牙齿健康产品。调查者将这一产品理念分别对妈妈和孩子作了测试。妈妈普遍喜欢这个产品，并表现出积极的购买意向。孩子们大体上认为这个产品还可以。而结果是，分析师向公司提交结果时认为：应该只面向妈妈营销，因为孩子在这种情形下不会被充分动员起来积极地影响妈妈。我们认为这个结论可能是灾难性的。

经过进一步分析发现，妈妈钟爱这项产品的主要原因是它声称的便捷程度。而她们在调查中表现出的唯一的疑虑和不喜欢是因为她们认为自己的孩子可能不喜欢使用这一产品！这说明了什么？妈妈对孩子可能给出的最终否定是在意的！再有，如今的妈妈努力想要让生活变得简单，因此她们一旦考虑到孩子不愿使用的情况，就不会买下这个产品了！

真正确切的结论应该是，让妈妈意识到她的孩子愿意使用这种牙科新产品。要怎样才能做到这一点呢？通过包装、命名，以及直接面向孩子的广告，使得孩子在某种程度上可能会向妈妈要求购买它，而这样一来妈妈最初的想法就得以实施。

至于最初的牙齿清洁健康的理念对于孩子来说只是还可以的程度，那么这一点明确无误地表明你应该重新思考，如何将这一理念以孩子更喜欢的形式呈现给他们。毕竟，能使孩子心动的方法有那么多！

幸运的是，有几种经过营销者设计而强烈吸引妈妈的例子可供参考。就在最近，我们看到一些贩卖新鲜水果的商家使用了孩子更喜爱的包装风格或形式。

连麦当劳都把苹果用焦糖裹起来出售！凯洛格公司 [1] 的虎力（Tiger Power）麦片就是一个既让孩子喜欢又更健康的麦片。此外，强生的头发护理系列也是让婴幼儿和孩子更喜爱的清洁产品的好样本。

总的来说，孩子和妈妈都是 4i4l 消费者决策的重要组成部分。细致的前期调查能帮助营销者更好地确定产品的推出对象——是向孩子、妈妈还是他们两者。调查同时还能帮助找出潜在不受欢迎的产品特征。在今天的营销者为 4i4l 定做宣传计划的过程中，这些最终将起到重要的帮助作用。在后面的章节中，我们将对研究的几种可能进行探讨。

一些建议：

●营销者在制订面向 4i4l 消费者的推广计划中，不应该忽视孩子或妈妈中的任何一方。

●营销者应考虑到潜在的孩子影响力，以及如何最大程度地利用这种影响力。即便在你的产品和竞争者的产品没有显著差别时，你也有可能通过设计让孩子找到差别，认出你的产品，从而左右整个家庭的喜好。

●因为孩子几乎是妈妈的小跟屁虫，营销者应该十分关切孩子的否决权。这种权利不但可以影响孩子使用的商品，而且还将影响家庭使用的许多产品。营销者还应该注意到在家庭使用的产品方面儿童的潜在影响力，尤其是青少年的影响力。

●有一种妈妈对孩子的判断和说法似乎特别敏感在意，因此她们为自己购买任何产品都会受到孩子的影响。试想孩子可能会觉得某种清洁剂更好，或者某一种成人服饰更"酷"。

●当一项产品、服务或商品类型是直接由孩子消费的，即便是在孩子影响力不那么高的情况下，营销者也有机会直接面向孩子作广告宣传，从而增加品牌的潜在影响力，以及产品可能被购买的几率。

1　译者注：Kellogg's，知名方便食品生产商。

● 在一项产品或服务是专为孩子设计的情况下，你可以首先将孩子定位为主要广告目标（如果可能的话，将妈妈定位为次级目标）。

● 青少年对非食品类商品有着特殊的要求，因此会在这个层面有更大的影响力。（与儿童相对而言）

● 一些妈妈想要控制孩子使用商品的程度和数量，营销者可以尝试帮助这些妈妈，并在包装的产品设计和品牌介绍等方面向妈妈明确说明这一点。

● 鉴于历史悠久的领先知名品牌有着明显的优势，他们会享受到妈妈的偏爱，我们建议新品牌产品的营销者可以更侧重对孩子的营销、增加孩子的影响几率，或在旧产品方面增加孩子的否决权。这就是新面世的贝兹（Bratz）娃娃成功打败芭比娃娃的原因。

● 对消费者关于你的产品或服务所作的决策过程进行研究是很重要的，这有利于确定最佳的营销组合。

● 对于新产品，细致的前期理念测试能够准确定位孩子或妈妈是否会否决它。如果发现情况确实，就应该采取补救措施。

● 营销者应该确定产品处在母／子矩阵中的哪一个象限，以便最佳定位你最终的目标客户。

第六章 母子 4i4l 消费者市场

4i4l 消费者能潜在影响的商品有多少?

我们讨论 4i4l 消费者是因为，目前市场上的大部分商品都是面向 4i4l 消费者的。考虑到只要是妈妈或孩子会使用的产品或服务都可以称为 4i4l 产品，那么这个范围就很广了。

我们在上一章已经列举过一部分，现在我们可以回想起许多不同种类的食品、饮料、电子产品甚至家庭清洁剂。那么药物能不能算作其中之一呢? 答案是肯定的!

试想一位妈妈的孩子生病了，变得暴躁、激动、口不择言。妈妈也十分疲劳，倍感压力。而现在妈妈必须给可怜的小女孩喂仅仅是一汤勺药水。你猜接下来会发生什么? 送过来的药看起来很可怕，你可以确信它很难闻，味道更是糟糕。孩子会怎样做? 紧紧闭上嘴巴，可能还会把汤勺推开（毫无疑问药水被洒了），哭闹着恳求妈妈不要让她吃药。接下来呢? 妈妈也许直接放弃了喂药，或者只喂给孩子少于应服剂量的药物。到了最后，我们制药公司的营销者们为 4i4l 消费者中的母子双方都制造了糟糕的消费经历。妈妈在今后会开始考虑其他服用更顺畅、包装不那么吓人的药品吗? 我想答案是确定的。

那么，配镜中心的情况如何? 同样试着想象一位带孩子来配眼镜的妈妈。她的孩子可能有点紧张——甚至可能很不情愿。妈妈感到疲惫，还对造成这种情况感到有些愧疚。你应该懂得。整个配镜中心死气沉沉，甚至在孩子看来非常恐怖。那么妈妈会另选一家环境友好、装修明亮的地方吗？如果说这个地方还会让孩子觉得有趣，甚至还会给孩子某种奖励？想都不用想。

右侧是西蒙斯调查所列举的一些商品，它们在有孩子的家庭中拥有较高的消费指数，而这些商品中的每一种都有 4i4l 顾客的重要参与。如果他们尚未积极购买某些商品，那么对其进行适当地销售宣传，其效果一定是不错的。

我们之前说过，一个品牌或一种商品现在还不是有孩子的家庭消费较多的产品，并不意味着它以后也会保持现状。这些产品或品牌所要做的，就是向孩子进行高效地广告宣传。如果孩子发现这种新的方式有趣，他们会鼓励家长购买。比如，虽然速冻晚餐整体上在有孩子的家庭中只占有较平均的消费量，但儿童美味餐这一品牌却有高达 304 的消费指数！酸奶可能一度并不受家庭中的孩子喜欢，直到像崔克斯谷物多 [1]、达能、优冻酸奶 [2] 等品牌相继出现。

12 岁及以下儿童的家庭消费的各类商品及消费指数	
商品种类	指数
便捷午餐盒	206
湿纸巾	197
烤制糕点	155
便携相机 / 照相机	150
速冻华夫饼	136
速冻炸鸡	136
运动饮料 / 饮料	133
披萨饼皮（预制）	133
邂逅乔三明治材料	128
肉制品零食	128
速冻辣味零食	126
速冻早餐	125
糖霜	122
披萨酱料	122
麦芬蛋糕	122
小蛋糕	122
果汁	121
速食汤料	121
其他速冻新产品	120
早餐糕点	119
墨西哥食品 / 配料	119
DVD 播放机	118
甜甜圈	118
营养零食、麦片	118
速冻披萨	117
布朗尼组合	117
薄烤饼组合	116
罐装意面	116
玉米片 / 圆饼	115
速溶咖啡	115

来源：西蒙斯调查，2004 年

1　译者注：Trix，法国优佩雷公司品牌。
2　译者注：GO-GURT，一种主打健康概念的酸奶。

这是一个怎样的市场？

这个市场很大！据估计，每三秒就有一个新生儿降生在美国，这意味着每天有 11，000 个新的 4i4l 消费者诞生！同时，在这些新生儿中，有 44% 是由初为人母的妈妈诞下的。此外，有超过三分之一的新生儿是由单身妈妈产下的——比 12 年前高出了一倍。

全国目前育有 18 岁以下孩子的妈妈人数达到了 3400 万——这个数字比加拿大的全国人口数还要稍微多一些。同时，令人印象更为深刻的是，18 岁以下的少年儿童目前有 7200 万——这是一个比全英国、法国或意大利人口数还多 20% 的数字。另外，一个能计算某一年龄段的孩子人数的简单方法是将每年的儿童人数看做 400 万（这一数字是英国每年的平均出生率，稍有浮动）。具体来说，当客户问我们 8~12 岁儿童的市场规模有多大，我们会快速地乘以 5 得到 2000 万的人数，并且除以 2 可以得到这个年龄段的男孩和女孩各有多少。

今天 17 岁以下孩子的妈妈绝大部分是白人（占 63%），有大学教育背景（占 58%），虽然很多人并不情愿上班，但她们基本都有全职工作（占 50%）。

虽然今天最早和最年轻的 X 一代妈妈们在人口上相差无几，但至少仍有两个方面是我们需要关注的。具体来说，年轻一些的妈妈中具有民族的多元性，并且更有可能是全职妈妈。在 35 岁以下的妈妈之中（孩子在 12 岁及以下的妈妈占总人数的一半），我们看到西班牙裔 4i4l 消费者的显著增长。事实上，西蒙斯调查结果也显示，目前 30 岁及以下

17 岁及以下孩子的妈妈	
白人	63%
非裔	16%
西班牙裔	5%
亚裔	5%
受过大学教育	31%
从大学毕业	27%
全职工作	50%
兼职工作	18%

来源：西蒙斯调查

35 岁以下的妈妈	
白人	59%
非裔	16
西班牙裔	19
亚裔	5
全职工作	43
兼职工作	19

来源：西蒙斯调查

的妈妈中有超过五分之一是西班牙裔。

4i4I 消费者能消费多少?

养孩子是很贵的！当妈妈生下一个活蹦乱跳的婴儿时，她同时也诞下了一单 25 万美元的巨额债务！根据美国农业部对全美家庭的儿童开支调查，在普通收入的家庭中，养一个孩子每年需要花费 10,240 美元。考虑未来通货膨胀的因素，中等收入家庭预计为一个孩子共计开销 242，070 美元直到孩子进入大学。如果你认为这还不算贵，那么我们提醒一下你，大部分的妈妈都有两个或以上的孩子。（难怪她们如此忧心忡忡！）对于那些想要节省开支，只养一个孩子就够的家庭来说，他们面临的财政压力仍是不小的！农业部还发现，独生子女家庭对每个孩子的平均花费是那些有几个孩子的家庭中对每个孩子的花费的 1.24 倍。

预计 2004 年出生的孩子的每年花费
（全美范围，按收入区分）

年度	年龄	收入高低		
		低收入	中等收入	高收入
2004	<1	$7，040	$9，840	$14，620
2005	1	$7250	$1040	$15070
2006	2	$7480	$10450	$15530
2007	3	$7890	$11070	$16370
2008	4	$8130	$11410	$16870
2009	5	$8380	$11760	$17380
2010	6	$8680	$12010	$17620
2011	7	$8950	$12380	$18150
2012	8	$9220	$12760	$18710
2013	9	$9460	$12990	$18960
2014	10	$9750	$13380	$19540
2015	11	$10050	$13790	$20140
2016	12	$11570	$15260	$21900

续表

年度	年龄	收入高低		
		低收入	中等收入	高收入
2017	13	$11930	$15720	$22570
2018	14	$12290	$16200	$23250
2019	15	$12550	$17110	$24810
2020	16	$12940	$17630	$25570
2021	17	$13330	$18170	$26350
共计		$176，890	$242，070	$353，410

该数据的估算主要针对育有两个孩子的家庭中较小的孩子而言

来源：美国农业部家庭儿童开支调查，2004 年

如果你认为 242，070 美元对于一个孩子来说绰绰有余，那么想想如果孩子的父母任何一方决定一段时间不工作而照顾孩子所造成的收入缩水，或者那笔未计算在内的 20，000~160，000 美元的大学学费吧。

在美国品平均每个家庭拥有 2.1 个孩子，家庭花费的 40% 是用在孩子身上的。事实上，一个妈妈俱乐部经过调查发现，有 24% 的妈妈估计她们要将每周收入的 70% 花在她们的孩子身上。这些花销的三分之一用于房屋，15%~20% 用于食品，14% 用于交通，5% 用于服装，7.5% 用于头发护理，11.5% 用于学校费用，11% 用于其他杂项。

考虑到有 7200 万孩子在全国范围内活动，4i4l 消费者预计每年将在孩子身上花费 7370 亿美元。我们已经了解到妈妈会与孩子一同进行其中许多购物活动，但至少有三分之一的开支，例如食品、服装和杂项会受到孩子极大的影响。

现在我们该如何将之前讨论过的孩子的影响力作为一个因素讨论？詹姆斯·马可尼尔在几年前做的几项研究都表明，保守估计孩子影响了整个家庭购买力的 20%。然而我们的新研究认为，这是一种严重的低估。事实上，这个数据与孩子对大人专用产品的影响程度不相上下。

预计普通家庭（一夫一妻）年均在一个孩子身上的开支
（全美范围，2004 年度）

	开支总额	房屋	食品	交通	服装	医疗	幼托健康	杂项 / 教育
税前收入：少于 $41，700（平均为 $26，100）								
0~2 岁	$7，040	$2，680	$980	$820	$350	$530	$1，020	$660
3~5 岁	$7，210	$2，650	$1，090	$800	$340	$500	$1，150	$680
6~8 岁	$7，250	$2，560	$1，400	$930	$380	$580	$680	$720
9~11 岁	$7，220	$2，310	$1，680	$1，010	$420	$630	$410	$760
12~14 岁	$8，070	$2，580	$1，770	$1，130	$710	$640	$290	$950
15~17 岁	$8，000	$2，080	$1，910	$1，530	$630	$680	$480	$690
总计	$134，370	$44，580	$26，490	$18，660	$8，490	$10，680	$12，090	$13，380
税前收入：$41，700~$70，200（平均为 $55，500）								
0~2 岁	$9，840	$3，630	$1，170	$1，230	$410	$690	$1，680	$1，030
3~5 岁	$10，120	$3，600	$1，350	$1，200	$400	$660	$1，860	$1，050
6~8 岁	$10，030	$3，510	$1，720	$1，330	$440	$750	$1，190	$1，090
9~11 岁	$9，910	$3，260	$2，030	$1，410	$490	$820	$780	$1，120
12~14 岁	$10，640	$3，520	$2，050	$1，540	$830	$820	$570	$1，310
15~17 岁	$10，900	$3，030	$2，270	$1，950	$740	$870	$980	$1，060
总计	$184，320	$61，650	$31，770	$25，980	$9，930	$13，830	$21，180	$19，980
税前收入：超过 $70，200（平均为 $105，100）								
0~2 岁	$14，620	$5，770	$1，550	$1，720	$540	$790	$2，530	$1，720
3~5 岁	$14，960	$5，730	$1，760	$1，690	$530	$760	$2，750	$1，740
6~8 岁	$14，710	$5，640	$2，120	$1，820	$580	$870	$1，900	$1，780
9~11 岁	$14，470	$5，400	$2，460	$1，900	$630	$940	$1，320	$1，820
12~14 岁	$15，270	$5，660	$1，580	$2，030	$1，040	$940	$1，010	$2，010
15~17 岁	$15，810	$5，160	$2，720	$2，460	$950	$990	$1，780	$1，750
总计	$269，540	$100，080	$39，570	$34，860	$12，810	$15，870	$33，870	$32，460

我们不得不相信这样一个事实，那就是基于我们之前和最近的所有研究，除开缴纳的税费和儿童专用的物品以外，儿童至少影响了家庭购物中的30%。因此，考虑到有孩子的家庭总数为3400万，我们可以算出这被忽略的3790亿美元。

最后，还有一项是孩子的专项开支。《包装事实》杂志有报道称每年的少年儿童（8~12岁）开支为380亿美元。此外，哈里斯互动调查称这项数据应为940亿美元。

他们会为自己买些什么呢？12岁及以下的孩子倾向于买糖果、游戏、食品和服装。

有趣的是，儿童也开始使用网上购物了！根据EPM通信的调查，8~12岁孩子的家长中有70%声称他们的孩子有过网购经历。

易受儿童影响的产品的年均销售额	
食品	1250 亿美元
服装	400 亿美元
杂项	800 亿美元

8~12 岁儿童为自己购买的商品比重	
糖果	60%
游戏 / 玩具	57%
指甲油（女孩）	41%
书籍	33%
苏打水 / 饮料	28%
零食	27%
服装	25%
快餐	14%

来源：奇迹组织和儿童视角调查，2003 年

孩子是购物主角的其他原因

他们喜欢购物。今天的 4i4l 消费者变得如此重要的其中一个原因就是，孩子总是和妈妈一起去逛街。如今 6~11 岁的孩子中有 79% 表示至少偶尔去杂货店购物，36% 表示去的次数非常多。同时，男孩和女孩最喜爱的购物场所是哪里？沃尔玛排名第一，塔吉特（Target）则位居第二。

他们有钱花。今天的孩子不仅影响着妈妈为他们自己或别人购买的许多商品，他们对钱还很有概念，并且还会为自己买上不少东西。根据罗珀调查，

6~11 岁女孩眼中最喜爱的购物场所	
沃尔玛	37%
塔吉特	22%
老海军[1]	21%
厘米图[2]	17%
派勒斯鞋业（Payless Shoes）	13%

8~12 岁的孩子每周平均消费 8.90 美元，而在 13~17 岁的孩子中，他们一周的开支大幅上升到25.40美元。西蒙斯儿童调查还称，有 31% 的 6~11 岁的儿童每周能拿到零花钱，另外有 41% 称无论何时需要钱他们都能拿到。除了零花钱之外，孩子们还会从做家务中得到报酬（占 52%），也有在外工作得到报酬的（9%），此外他们还不时从父母和祖父母那里得到礼物。

少年儿童的花费不仅来自他们挣得的以及拿到的钱，还包括他们收到最多的一种礼物——礼品券。根据 PromoP:L 的调查，有 91% 的男孩和 95% 的女孩在过去的一年中至少收到过一张礼品券，而三分之二的孩子为其他人买了一张礼券作为礼物。

最终的结果怎样？

今天的 4i4l 消费者每年要消费 1.25 万亿美元！

$7370	亿美元花在儿童用品上
$3790	亿美元花在受孩子影响的家庭用品上
$380	亿美元由少年儿童消费
+ $940	亿美元由青少年消费
$1.248 万亿美元！	

一些建议：

● 4i4l 消费者是一个极为重要的市场！

● 几乎半数家庭的全部开支都用在与孩子相关的商品上。这证明了一点，那就是所有妈妈的花费和努力都与她们的孩子密切相关。

● 凡所销售的产品涉及有孩子的家庭使用，营销者应该注意，将营销策略直接指向家庭中的孩子能帮助你俘获妈妈的心。

---

1 译者注：Old Navy，GAP 旗下品牌。
2 译者注：Limited Too，美国青春品牌。

● 你应该仔细考虑民族多元化的问题，尤其是西班牙裔在年轻妈妈中的比重。

● 如果你想要节约开支，千万不要生孩子！（开个玩笑！）

● 请记住现在的青少年和少年儿童都喜欢购物，零售商同样应该对我们 4i4l 消费者中的孩子给予强烈的关注。

第七章 4i4l 消费者的思维方式

在我们进入本书第二部分的讨论（即针对 4i4l 消费者的各种营销手段的介绍）之前，我们相信首先关注孩子的想法是一件至关重要的事——同时这也可以说是 4i4l 消费者一半的想法。

我们十分肯定正在读这本书的你是一位成年人（不管您的爱人或朋友的想法有什么不同）。因此，我们认为你对于一个正常的成年人理解什么，不理解什么应当有着充分的了解和认识。

但是，由于 4i4l 消费者市场的一个重要的部分是由我们的孩子创造的，你必须充分了解这些个体真正能理解的事物是什么。花费大量时间和金钱投入到一个重量级的广告、促销、包装或产品研发上，如果完全不得要领，这几乎就是徒劳无获，因为你想要争取的那个儿童消费者会一脸疑惑地说："这是什么啊？"

在决定向你心中那部分 4i4l 消费者制订营销策略时，你需要首先确定你这部分客户中的孩子处于什么年龄段，或者是哪一个心理发展阶段。

尤为重要的是，一个个体能够产生理解的基础分为两部分：第一，已经达到这个个体的大脑能理解的程度；第二，是这个个体所经历过的。这就是为什么成年营销者很难理解儿童营销要如何做才最有效。事实上，第一，成年人的大脑比儿童的大脑要发达得多；第二，成年人比儿童经历的事情也要多得多。自然而然，因为营销者是成年人，所以他们错误地假定孩子会理解一些东西，对一些东西产生共鸣，而事实上却事与愿违。

因此，让我们来看看孩子能理解什么，以及不能理解什么。儿童的大脑在接近青春期甚至刚过青春期时，会在一些关键的区域产生极大的变化。直到最近一项完成于 2000 年的调查之后，科学家才发现，大脑的发育在最初的几年是迟缓的，在一个孩子上一年级时，他的大脑才算基本发育好。现在一个普遍认可的说法是，孩子在 3~15 岁之间仍会经历大脑发育的变化。

理解儿童大脑生长发育情况的一个最好的方法是回顾儿童心理学家让·皮亚杰（1896~1980）的观察结果和理论。皮亚杰认为儿童的心理发展经过了四个认知发展阶段：

1. 感知运动阶段（从出生到 2 岁左右）

2. 前运算阶段（2~7 岁）

3. 具体运算阶段（7 岁 ~11 岁）

4. 形式运算阶段（11 岁 ~5 岁）

虽然据我们研究发现，这些年龄分界并不完全像皮亚杰最初设想的那样，但是这一理论在估量认知能力发生巨大变化上有很好的指导作用。同时，最重要的是，儿童的心智必须经过这些线性发展阶段才能获得全面发展。一个孩子如果不经历前面 1~3 个发展阶段的话，是无法达到第四阶段的认知水平的。

从出生到 2 岁的时期

在这个最初的阶段，孩子的大脑中有大量发育的突触，同时这一阶段是孩子学习潜能很高的时期。孩子能感知到自己的动作行为对周围环境的影响。当他们长到 9 个月时，他们就能抓取物体，并将它们放在购物手推车里。到了 12 个月时，他们就能够运动大拇指和其他手指来抓取绝大部分的物品。因此，即便是对于这些最小的消费者而言，有吸引力的包装和鲜艳的颜色也是十分关键的。

在孩子 12~18 个月大时，他们通过实验明白了自己做的事情会产生什么样的结果。他们可以将独立的行为连结起来以便实现某个目标。妈妈们看到了这些举动，庆祝每个进步，并鼓励他们不断地学习。对于营销者来说，这无疑是帮助妈妈向孩子提供简单的学习辅助的最佳机会。同时，这还是为妈妈提供居室里宝宝安全防护措施的重要时期。

3~6 岁的儿童时期

这时的孩子是让营销者最头痛的。因为，这时期的孩子看起来似乎能够理解和欣赏远超过他实际能力范围的东西。

他开始说话了！在这个时期，孩子的心理和社会能力的发展被一种爆发式的理解能力和语言能力的发展所取代。当孩子长大到 6 岁时，他们已经能够使用 8000~14000 个词汇（虽然一些父母可能会告诉你他们就会说几个字"我…要…那个"）。

由于他开始说话，即使在 3 岁的时候，他也能够在一定范围内引起和集中一个大人的注意力。最重要的是，他开始懂得有效沟通的方式，这让他成为 4i4l 消费者中积极行动的一方。

然而，虽然他说的话很可能让他看起来很聪明，但事实上他还是缺乏逻辑思维的认知能力。他受直觉控制，对看到的东西有一种极端直接的认识。如果一个广告在放映时放上了一杯橙色的饮料，但在继续说明时指出这个饮料有多种口味，那这些孩子会认为这个饮料只是橙子味的，因为他们只看到这一部分！如果孩子们不喜欢橙色，那这个营销者就倒霉了。如果营销者没能成功地完完全全地告诉或展现给孩子他们的食品多好吃，这个年龄段的孩子就不会想去尝试它。为什么？因为孩子并不知道它们好吃。除非，他们从以前的经历中获取的信息让他们认为这个产品和另外一个是一样的。

由于他们被直觉牢牢控制，这个时期的孩子大多是向心注意的受害者。向心注意指的是孩子高度关注物体的一个维度或一个特征，而对其整体或其他特征忽略不见。

这对营销者提出了一个十分特别的挑战，那就是决定产品的一个特点，并将这个特点包装成儿童消费者喜欢和关注的东西。比如说，我们看到有许多娃娃生产商在设计娃娃时赋予了她们许多特征，比如吃饭的姿态、走路的姿态、尿尿的姿态以及爬行的姿态。但小女孩们只注意到了一件感兴趣的事，那就是这些娃娃的头上有好看的蝴蝶结。许多年前，我们有幸获得了将一个规模较小的生产商的罗茜娃娃（Rosie Doll）推销到市场上的机会。这个娃娃有一个特征。当你触摸她的手时，她会唱着歌说"罗茜"。当然她是一个漂亮的娃娃，她的头发可以梳起来，她也有不同的头发颜色，但是我们强调的特征就是她会唱着歌说"罗茜"。这个娃娃成为当年销量第一的娃娃，许多由大型厂商生产的其他多功能娃娃都没能做到这一点。

此外，考虑到向心注意的问题，你必须为这种孩子细心设计简单易懂的广告，同时要将孩子可能注意到的错误特征或元素的几率降到最低。我们在这方面最津津乐道的一个经验教训是我们很久以前做的一个电视广告，是我们为鼠宝宝豪华游戏屋套装（Alvin and the Chipmunk's Deluxe Play House Set）制作的。在广告中有两个女孩，她们细心地为鼠宝宝搭建起了漂亮又精致的塑料屋子，然后在游戏过程中她们仔细地装饰了屋子，我们还展示了她们是如何兴致十足地让两个小鼠宝宝主人从房子中走出来又走进去。哦，对了，为了让这个情景显得更可爱、更可人一些，我们让一只小猫参与了女孩们的游戏。你猜对了，在我们这个有了小猫的广告播出之后，那些孩子能够说出来的，以及他们真正能记住的东西就只剩下这只可爱的小猫了！

我们将在第十章中重点进行论述，正是因为向心注意的关系，人物形象在面向这一年龄段儿童的广告中十分好用——但是，前提条件是这个人物形象要和你的产品明确相关。你清楚孩子会注意到这个人物，但由于我们想要他们记住和理解这个人物代表了你的品牌，因此它们之间的关系必须越直接越好。麦克林（1996）的一项基于3~5岁孩子的研究证明了，将视觉线索与品牌相结合将直接帮助孩子记忆品牌名称。因此，请至少将你的人物形象在视觉上与你的产品进行互动。更好的办法是，将人物形象的名称和品牌的名称作为你的产品名，比如说嘎吱船长燕麦早餐（Capt'n Crunch）、罗纳德·麦当劳、儿童美味餐（Kid Cuisine）——想要忘记它们之间的关系都难！

　　现在能更好地理解"向心注意"了吗？很好！现在你就能理解为什么这个时期的孩子会去抓住或想要一个有明显人物图案的包装了。她想要一个原野小兵（Rugrats）里的"安吉里卡"！别在意为什么安吉里卡会出现在一些她也许根本不会吃的零食包装上。或者，她想要那个"粉红色的"包装，因为她就喜欢粉红色。

　　向心注意还对这个年龄段的孩子如何感知一个品牌起到重要的作用。他们绝不！研究发现，小孩子们通常通过某种特质（一个品牌名称，或者是一个人物形象）是否存在的简单启示来区别产品（出自鲁斯特和海耶特，1991），或者他们最多能够识别一到两种极易辨认的特质（出自巴恩1984，1986；戴蒙得1977；沙米尔1979）。产品的其他特质对于孩子而言无关紧要，只要那个最核心的"想要的"特质存在就可以了。思考一下这一点吧！想想那些营销者和广告商施展各种花哨的战术来确保消费者能够获悉关键的信息，了解其需要买下相关产品的原因。何必要这么复杂呢？孩子只需要寻找那一个目标，这个目标是他们能够理解的，并且非常突出的！

　　这可能会让很多营销者感到心碎。他们大多会"担忧"如果他们在包装上使用面积很大的被认可的人物形象，在7岁以下消费者心中他们的"品牌资产"就会缩水。什么资产？就在最近，我们受邀接受了一位商业记者的采访，其中一个问题是争取那些年纪小的消费者是否特别重要，他们会因此保持对品牌的忠诚度吗？我们只能付之一笑。

　　嘿！这个年纪的孩子是很重要的。他们一定会帮助妈妈决定要买的东西。同时他们也构成了一个相当可观的市场。但是他们并没有品牌概念，更谈不上品牌忠诚度！儿童在幼儿园毕业以后（5~6岁）到三年级（8~9岁）最后到六年级（11~12岁）的这段时间才逐步掌握分辨品牌和产品的能力（出自戴蒙得1977）。此外，涉及忠诚度，年幼的孩子喜好哪种食品或玩具是捉摸不定的，如果你问他们最喜欢的东西是什么，许多孩子只会告诉你他们最近玩过的玩具或吃过的食品（出自卡彭和库恩1980）。更糟糕的是，鲁斯特和海耶特（1991）的研究发现，儿童所说过的喜欢的东西并不能反映他们未来会喜欢什么。

事实上，这个年龄段的孩子也许并不懂品牌效应，但他们确实能分辨诸如人物形象、颜色、不同的名字等事物——因此可辨识度和熟悉程度对于他们来说才是最重要的。根据《儿童市场：未知和现实》一书的作者詹姆斯·马可尼尔的研究，大多数刚上学的孩子会分辨包装上的关键特征，比如商标、颜色、形状。而当他们5岁时，半数的孩子会通过名字要求一个特定的品牌。

申请许可证的秘密也在于此！米奇老鼠可以是任何东西，从一盒麦片、一瓶饮料，到一个杯子、一个水瓶。这一点对于这个年龄段的孩子喜欢什么品牌名也是适用的。如果一个营销者想考虑清楚如何命名他的品牌才够酷，或者是根据名字设计怎样的产品延伸线才合适，不要问孩子这些问题！因为对于一个孩子而言，没有酷的界限，也没有合适的标准。

这类孩子的另一个缺点就是他们强烈的自我中心倾向——他们无法理解别人的观点。他们可以不管其他人在干什么，也不管还有什么别的产品，只有他们拥有的东西和想要的东西才是最重要的。"我很大了""我都6岁了""我很高兴""我想要那个"，直到他们进入下一个心理阶段,他们才会将这些话语变成"我比很多孩子都大""我比你高兴"。

在大多数环境下，这些孩子不大可能让自己的注意力从一件事物快速地转移到另一件事物上去。基本上他们的世界是一个连续串联的故事。随便问一个3岁或4岁的孩子他们一天都干了什么。她会告诉你她今天起床，穿衣，吃饭，去了动物园，看到了这又看到了那，等等。一个稍大的孩子只会告诉你她今天去了动物园。

使用大量快速剪辑，没有清楚的开头和结尾的广告只会让这些孩子如堕云雾，摸不着头脑。哈斯顿和怀特（1996）在几次测验后证实，小孩子对连续快速运动的，没有明确过渡的图像有解读障碍，除非这其中的主要事物是他们所熟悉的。此外，因为他们无法实现心理上的前后跨越，如果一则广告没能在一开始就引起孩子的注意，那么接下来就更不用提了。直到孩子们长到 6 岁，他们的脑额叶才开始迅速发育，自此他们也就能够控制注意力，并可以实际地计划新行动了。

7~12 岁的少年时期

欢迎来到小小少年的时代。少年儿童已经成长起来，不愿再被看成是"小孩子"，尤其是不愿意让别人认为他们是孩子，但就独立行动的能力而言，他们还太年轻。不过他们可以更清楚地思考，更流利地表达，并且可以和妈妈更好地协商合作，这使得他们成为 4i4l 消费者中更强大的一部分。同时，在这个年纪，父母已经不期待孩子"盲目服从"了。这时妈妈会间接地指导孩子关于社会的知识，同时在沟通中增加讨论和解释的比重，这让孩子与妈妈在决策过程中建立了更牢固的关系。

在这个阶段，孩子开始学会将逻辑思维运用到具体问题中去。他不再被直觉主导，而是可以开始运用思维思考和解决问题。他不再那么目中无人，那样显得很幼稚，而现在，他对交同龄朋友产生了浓厚的兴趣。简而言之，想交朋友，不愿离群成为这个时期最大的特点。

对于营销者来说，重要的是这一阶段的孩子已经具备较发达的心理要素，因此他们能够回答市场调查人员的各种问题。他们具备了分类思维，可以描述不同人、不同事物的特征，这成为他们理解品牌和商品种类的基础。

但是，不要认定这个孩子将商品分类或组团的方法会和你的做法一致。举例来说，在一个核心讨论组的互动环节中，我们让 7~9 岁的孩子将不同种类的糕点按他们的理解进行区别和分类。有一组孩子的方法是将糕点分成"小孩子吃的""大孩子吃的"以及"家长吃的"三个类型。而另一组将糕点分成了"巧克力味的"和"不是巧克力味的"。还有一组的分类法是将它们分成了"适合早上吃""适合下午吃"以及"适合晚上吃的"。

10 岁左右，孩子们会开始喜欢有品牌的产品而不是无品牌的产品（出自麦考密克 1988）。这时的孩子虽然看起来很聪明，但营销者们应该看到他们理解能力的局限。主要的局限之一是，这些孩子对抽象概念的理解仍有困难。大多数情况下，他们仍需要通过一些具体的视觉或听觉感受来获得理解。

但是，在他们身上，不仅大脑得到了更好的发育，他们的阅历比起学龄前的孩子也充实丰富了许多。这些孩子接受了更多的学校教育，拥有了更大的朋友圈子，这也意味着获得了更多刺激物。比如，你需要在广告中向这些孩子一板一眼地描述或呈现一款水果食品很好吃吗？当然不是。那么你是否可以只向他们展示一些新奇有趣的描述产品的方法？当然可以。因为这个年纪的孩子很可能已经知道水果食品的滋味是什么，并且也知道他们都很好吃，从理念上把所有的水果食品都"归类"到好吃的食品中。但如果这个孩子缺乏类似的经历，那么我们劝你还是脚踏实地一些为好。

既然经历对于个体处理信息的方式如此重要，心理学家提出了这样的疑问就不奇怪了。他们的问题是：孩子暴露在无限扩张的媒体环境中是否会影响到他们注意力的集中？人们感觉到，所有这些孩子能接触到的快节奏的传媒方式，能让他们大脑的发育从"固定型"[1]逐步变成"多任务型"（该说法援引自《今日美国》的一篇文章）。许多孩子也许将越来越能够适应快节奏、快剪辑和多信息的广告。

---

1 译者注：Hard-wired，本指程序或电子设备中不可改变的元素。

青少年时期

青少年时期是优化大脑的关键时期。这个时候体育、学习以及音乐才能都会固定下来。直到最近，科学家们才证实，大脑中的神经发育在青少年时期以前就已经基本定型了。但是，现在有研究发现，在15岁的孩子中，掌管联想和语言能力的大脑中后部的发育还有出现峰值的情况。

在青少年时期，生理和心理都经历了重要的发育变化，但没有什么变化比得上思维和分析能力的突飞猛进。这一时期，4i4l消费者中的孩子能够处理可能的信息，假设的信息以及抽象的信息。与较小的孩子不同，他们能够处理不那么具体的，甚至是虚拟的概念。

首先，青少年开始掌握推理能力。推理能力意味着对于多种选择和可能性的思考和破解。这其中包括更严密的逻辑思维的参与，以及用假设思考事物的能力。此外，他们的抽象思维也将得以开发，这其中也包含了信任、爱、信念、直觉以及灵性等。

他们将懂得什么是自省，或者以一种元认知的方式进行思考。元认知（注：指认知主体对自身认知活动的认知）让人们首先认识到自己的感受和想法，然后再进一步表达它们。

在这些青少年中，同伴的作用远大过其他任何年龄段的孩子。高中生与同伴一起度过的时间是与父母或其他成年人度过时间的2倍。此外，他们应该感到幸运。这些青少年和年纪更小一些的孩子的不同之处在于：由于他们拥有更高的认知水平，他们能想象别人对他们的看法，并且对这些看法十分关心。一个少年想要被团体接纳。青少年则偏执地想要从团体中逃离出来。一个少年可能会说："我是对的，你怎么看？"但是青少年会这样说："我知道你认为我错了，可能我真的错了。"

正因为如此，自尊心成为他们生活的一大方面。吸引力被摆在第一位，尤其对女孩而言，其次是同伴的认可。个人形象就是他们的生命。最近一项由巴兹巴克市场调查（Buzzback Marketing Research）的研究显示，95%的青少年对自己的健康状况表示担心，只有少于 40% 的青少年对他们目前的体重感到满意。他们说的话、做的事、穿的衣服、听的音乐、看的书和电视都对其他的孩子有潜在的影响。

青少年的活动还体现出强烈的青春期特质。少年儿童们想要被团体接纳，而这些团体通常是他们的同性，而大部分青少年需要的是异性的关注和接纳。在这一阶段中，情感和压力不断给他们增添烦恼。情绪的大起大落，对兴奋和刺激感的热衷是再寻常不过的事。难怪今天大多数主题公园的主要目标客户是青少年。

一些建议：

• 即便是在我们的 4i4l 消费者有一部分是婴儿的情况下，营销者也应该尽最大努力去了解如何取悦他们。

• 当面向 4i4l 消费者中的孩子进行营销时，我们建议一方面可以雇用那些有儿童营销经验的代理商或供应商，至少要将自己置身于儿童心理中。

• 营销者可以帮助老师、教育家，甚至牧师，为其提供多种方法让这些极为活跃，喜欢多任务处理的孩子们集中注意力。

第二部分
营销技巧

第八章　4i4l 消费者营销

目前我们知道了更多关于 4i4l 消费者的信息，他们的行为、动机、思维方式以及决策方式。我们现在可以更进一步研究如何面向这样的超级客户展开营销。

虽然我们肯定读者们希望看到的是最好的 4i4l 营销计划和方案，但很不幸的是，我们只能提供一些选择。最终的计划和策略必须由你来完成，这些需要基于你具体的产品或服务项目，当然还包括你的预算。

我们的营销计划将激活我们的 4i4l 消费者。我们感兴趣的不是如何娱乐他们，教育他们或者仅仅取悦他们。相反，我们想要动员这些 4i4l 消费者来做一些与我们的产品或服务密切相关的事。先从我们的激励模式说起。

- 洞察
- 拦截
- 吸引
- 鼓舞

达到激活

在接下来的四个章节中，我们将讨论的是我们认为你应该考虑的关键领域。这些讨论有助于充分展开 4i4l 营销，最终达到激活他们的目的。

洞察。想提高洞察力，你需要尽一切可能进入我们潜在的 4i4l 消费者的想法里，那里是我们真正机遇的所在。在制订相关战略以前，我们必须清楚我们的超级客户是怎样想的，可能需要什么，可能会对什么东西有共鸣，以及我们的孩子和妈妈是如何分工协作的。这本书将为你提供一个很好的开始，但当你遇到真实而具体的业务考验时，我们鼓励你去做更多可能的事情。在第九章我们将在这方面为你提供帮助。

拦截。正如同我们希望你可以欣赏本书的这个部分，我们的 4i4l 消费者总是太忙碌，营销者很难让他们停下来以吸引他们的注意力。这一项任务将更加艰难，因为你的 4i4l 消费者事实上已经开始控制从 TiVo[1]、DVR[2] 以及网络上获取的媒体信息。第十章将深入地展示 4i4l 消费者是如何身处四面八方的媒体攻势中的。因此，你要以自己的需要为武器，帮助自己创造出能够借助先进媒体技术的营销策略。

吸引。到现在为止我们了解到，妈妈和孩子对于铺天盖地的营销已经十分精明。他们已经看到过、听到过各式各样的宣传，他们有许多自己的事要处理，没有时间停下来观看、倾听、阅读或是点击你留下的讯息，检查你的商标，或是花哪怕一点时间思考你要传达给他们的消息。当你已经足够幸运，通过各种有效的媒体攻势成功拦截住他们时，你将只有短短几秒钟通过广告和包装来吸引他们。第十一章将帮助你制订更有效、更具创意的策略以吸引 4i4l 消费者。

鼓舞。即使我们的洞察力让我们更全面地了解了我们的目标，我们也成功地拦截以及吸引了 4i4l 消费者，之后我们还需要持续地鼓舞我们的顾客。今天的 4i4l 消费者被各式各样的新闻包围，虽然他们会从中屏蔽掉很多，但是这些超级客户仍然期待并且需要在你的品牌中找到他们的兴趣所在。不管它是促销活动、新生产线的产品，还是新的讯息，第十二章将告诉你更多。

1　译者注：一种数字录像设备。

2　译者注：硬盘录像机。

第九章　深入洞察——研究你的 4i4l 消费者

洞察力是营销中最有价值的"货币"。从洞察中你可以创造出最好的新产品、最受关注的讯息以及最有成效的媒体计划，这也是让今天挑剔的 4i4l 消费者保持对你的产品感兴趣的最佳方法。

洞察力可以从任何地方获得。你可以简单地从别人所做的研究或者新闻报道中更新对于当下妈妈和孩子的一些观念。许多儿童媒体，以及读者为妈妈的主流杂志或出版物会经常开展他们自己的研究，并且会与潜在的客户分享研究成果。对营销和媒体新闻保持时刻关注也能让你获得启发。一些优秀的报道和定期通信包括：

• **美国在线**（AOL）。美国在线是一个在线服务供应商，是迄今为止最为成功的在线服务提供商，注册用户达到 3200 万人。

• **每日要点**（Cynopsis）。这是一个免费的通过电邮传送的每日简报，儿童以及儿童娱乐相关产品的营销者可以关注。它尤其注重儿童娱乐用品的发展趋势的报道。

•**《父母世界》杂志调查**（Parents Magazine Research）。年轻的爸爸妈妈都想要最好的建议。在过去超过 75 年的时间里，《父母世界》杂志成为许多父母和准父母的主要参考。

• **罗珀青年调查**（Roper Youth Reports）。罗珀调查为消费者市场提供了最新鲜的观点。它的数据库每年收集全国范围内几万名消费者的访谈，其研究抽样与美国人口调查报告保持一致。

● **西蒙斯调查**（Simmons）。西蒙斯成人调查和西蒙斯儿童调查都是进行每季度更新，经注册登录即可查看。他们的调查反映了消费者的态度、活动、产品／品牌情况，以及媒体使用情况。

● **扬克洛维奇青年调查**（Yankelovich Youth Monitor）。扬克洛维奇调查为客户发布营销产出中可预估的重大突破。它拥有独特的数据库，并分模块提供解决方案。它基于数据信息，提供关于消费者动机和生活方式上无可估价的建议。它同时能够识别具体明确的销售机会，让客户从简单的消费者定位走向先进生产力解决方案的制订，从而获得竞争优势。

● **青年市场快讯**（Youth Markets Alert）。由 EPM 通信出版。这份两月发行一次的新闻简报包含研究成果总结，有新闻价值的活动，以及其他如今的青年及青年营销者会感兴趣的相关事实。

● **青年大学**（Youth University）。青年大学是一个由奇迹组织发行的双月电子刊物。这份电子刊物总结了上一周发生的关于儿童、少年和青少年的一些重要的事实及观点，包括该机构自己所做的一些研究发现。

安迪·舍赫是启力公司（一家新的产品开发代理商）的副总裁及总经理，他谈到"要寻找启发，你应该每时每刻多听多看，不仅只对一组焦点用户而言。发现启示需要从多角度获得信息。这些信息很少会迎面向你走来"。消费者很少直接、全面及精炼地说出他们的启发是什么。

这并不是说，像焦点小组这样传统的量化研究没有用武之地了，我们只是提醒这种研究应该严谨地进行。为什么要这样提醒呢？

● 妈妈和孩子很少知道他们为什么做了一些事情，且不管他们做的都是些什么，也不管他们是否能准确地记得一些诸如"什么时候""有多少次"这样的细节问题。已经说不清有多少次，在我们问及妈妈为孩子购买或使用了什么样的东西时，她回答了她记得是 A，而在我们之后对实际产品进行核实时才会发现完全不一样的答案 B。

- 当寻找未被满足的消费者需求时，不要单靠一个妈妈或一个孩子来告诉你答案。我们很少听到直接答案。但是，如果你跟一个妈妈或孩子谈及一个新理念，这个新理念也许是你从别处获得的启示（比如你从市场观察中得到的一些直观感受等），那么，结果可能令你惊讶。他们也许会告诉你他们需要这个东西。嘿！这在以前可是一个未知的需求！

- 孩子需要有一种归属感，并且他们不喜欢自己"犯错"的感觉。那么你可以在焦点小组中估计到许多一边倒的问题。仔细观察，你就能发现孩子会改变他们的选择或主意，来和另外一个孩子保持一致。

- 此外，因为孩子们天生的不安全感，并且不喜欢犯错的感觉，他们会非常不情愿地对一些新事物的结果发表真实的见解。你可以尝试询问一些女中学生，让她们回答明年的返校流行风格是什么，你会完全摸不着边际。我们就这样尝试过，结果真的是一无所获。而如果换一种方式，观察她们是如何学会跟上潮流，以及如何讨论潮流的，那么这时你才会获得一些有趣的启发！

- 最后，尽管他们努力尝试了，但是妈妈和孩子毕竟不是品牌经理。让他们去设计、创造或是预测，对他们来说是很难的事情。否则他们就取代你的工作了！同样地，在这里如果你事先准备好想法让他们去反应，则会取得更好的效果。

有关焦点小组的建议

那么你要如何处理我们的提醒呢？梅利莎·莫里森是启力公司消费者观点的项目负责人。她给了我们一些实用的建议：

- 给调查对象在实际参与调查前一些前期的功课，以便他们能够思考和专注于这个话题。尤其是孩子，他们对这样的功课很认真，并且总体来说会在调查小组前将其出色地完成。这样的功课可以是任何事情：比如拍照、画画、制作拼贴画，或回答一些小组讨论中可能会遇到的有关问题。这些工作不仅会让调查对象记忆更清楚，而且会让他们得出新的想法。

• 当问及妈妈有关她的孩子使用的产品时，你必须每次都记得做同一个步骤，那就是提醒妈妈"变回妈妈的角色"。今天的妈妈总是与孩子的需要及习惯保持高度一致，你必须确定你知道妈妈们是在表达她的观点还是她孩子的观点。

• 考虑一下让调查对象在参加焦点小组讨论前写日记。这对于帮助他们记忆他们在什么时候对于你的产品做了什么会起到特别的帮助。

• 当涉及简单的是 / 不是，喜欢 / 不喜欢的问题，尤其是提问孩子时，让他们"蒙住双眼"然后再举手。出现相应情况时，我们要给那些"偷偷选择"以后迟迟不表明答案的孩子一个红牌、黄牌或绿牌。这会防止他们产生偏见，同时也会给孩子提供一个有趣而无威胁的互相持不同意见的机会。这样做完以后，再让讨论开始进行！

• 在针对 8 岁以下的孩子提问时，最好让他们回答具体、易懂的问题，而不是让他们去想象或创造答案或情境。记住我们之前说过的话——孩子的思维能力在这个阶段是"具体的"而非"抽象的"。

• 在与孩子打交道时，最好的方式是让他们尽可能快地提供想法，并且让他们积极地投入到活动中来。如果在小组讨论的一开始你就花太多时间与他们谈话，孩子就会变得被动。

• 将男孩和女孩分为不同的小组。女孩们会因为男孩们的关注而尽心完成任务，并且想在他们面前保持正确不犯错。男孩们会体现出十足的男子气概，并且会为了女孩们好好表现。

• 对于儿童来说，将他们以年龄或年级两年一组来划分。还记得孩子不喜欢自己犯错的特征吧，他们会普遍比大一些的孩子反应慢。此外，稍大一些的孩子（少年）不喜欢被当做小孩，因此不要把他们与真正的小孩子放在同一组。此外，3 岁的差距对于儿童的成长和经历来说已经是一个巨大的悬殊了。

• 牢记孩子在一定的年龄阶段能做什么以及尚不能做什么。不要期待小孩子能理解一些概念性强的东西。对于 12 岁及以下的孩子，提供一些刺激物来辅助他们理解概念。不要让年龄小的孩子"按喜好排序"。"是"与"不是"对他们来说已经够难的了。

 ● 如果条件合适，在研究确定 4i4l 消费者是如何看待不同种类的商品时，将产品分类的练习也运用到母子焦点小组的活动中。比如说，对于糖果的分类，孩子们会列出"给孩子吃的"以及"不是给孩子吃的"两类。其他的孩子会列出"巧克力味的"和"水果味的"两类。妈妈们会列出"比较健康的"和"不太健康的"两类。一旦他们帮助你了解到他们是如何看待产品的不同时，你就能够发现他们是如何评价不同的品牌了，然后就能进一步挖掘你的机会和洞见。

 ● 让孩子根据之前的经历或对一个品牌的看法画图描述，或做一张拼贴画叙述。这比简单地对他们提问要管用得多。普遍来说，孩子们喜欢画画和进行手工艺术活动。在一个调查中，我们让一些 8~12 岁的孩子用画画或做拼贴画的形式表现一顿由他们最喜欢的品牌食品所做的晚餐。最后他们呈现的结果让我们和客户们都惊讶不已。因为基本上每一个图画都清楚而突出地描绘出了这些产品上的人物。更令我们感到惊讶的是，某些产品的人物在其产品广告中已经多年没有使用过了，或在现有的包装上只占据了一小部分。我们得到的启发是：孩子们真的能够准确地识别产品上的人物。我们给出的建议是：让这个人物回归到广告中，并且在产品包装上突出显示。

 ● 如果挖掘孩子对于一个特定人物或品牌的感觉或态度，最好的办法是让他们将这些感觉变成图画或拼贴画，以便你能够理解他们说的某些词到底意味着什么。比如说，我们让一群来自全国不同地区的 8~12 岁的男生女生告诉我们一个具体的词对于他们来说是什么意思。我们告诉他们用写和画的方式来展现他们对这个词的感受，当你体会到这个感受的时候通常在做什么，以及这个感受可能是什么颜色的。

 在这种情境下，我们发现"快乐"这个词的结果大约与你的猜想一致，但孩子们对它的解读却有一些有趣的不同——"觉得快乐很好，因为如果我快乐，就会有更多人愿意待在我的周围"。我们还发现了一些不曾料到的解释：

 ●"懒惰"是一件难过的事。

 ●"受欢迎"让人欢喜也让人忧！

它让我感觉快乐。黄色。觉得快乐很好，因为如果我快乐，就会有更多人愿意待在我的周围。

难过

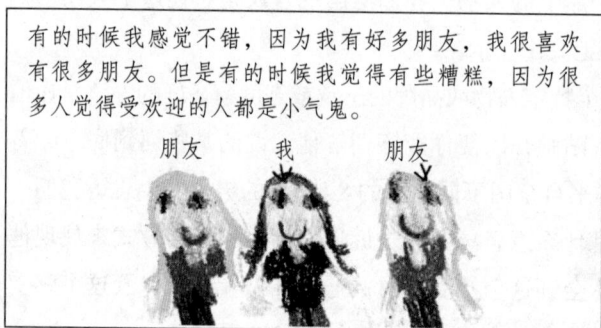

有的时候我感觉不错，因为我有好多朋友，我很喜欢有很多朋友。但是有的时候我觉得有些糟糕，因为很多人觉得受欢迎的人都是小气鬼。

朋友　　我　　朋友

这里我们还要对面向孩子的质性调查给出另外重要的提醒。好消息是孩子们基本上很喜欢参与调查。他们知道有人要听自己的意见后，会感到由衷地兴奋。孩子们会高兴得不敢相信他们的话真的被听进去了，除此之外还能得到报酬！

坏消息是当孩子被招募进来以后，如果他们发现自己没有得到参与调查的机会，可能会因此大失所望。调查者们一般都会在招募孩子时将数量扩大一些，在有足够的实验对象到场后让剩下的人回家。我们发现，那部分被送回家的孩子即使拿到了报酬，他们也会感到十分沮丧。这不仅会让孩子心生不快，妈妈们也感同身受！因此我们建议你另外准备一套较为简单的问题，以便这些多出的孩子能够达成愿望。哪怕他们只花上了几分钟时间，这也会让他们感到自己是重要的，并且也能让妈妈们满意地离开。此外，如果你的问题足够好，你还有可能得到额外有价值的信息！

挖掘洞见的其他技巧

当你在寻找启示时，一些质性调查的技巧也许能带来更多益处。具体说来，除了传统的焦点小组外，你还可以考虑：

朋友小组：朋友之间会互相提醒对方做的事情，并会鼓励对方给出更真实的答案。孩子们也都明白他（她）的朋友会继续确认或否认他（她）所说的话。

兄弟／姐妹小组：兄弟姐妹之间会有一种无遮掩的坦诚，此外他们都互相支持对方，共处起来也很放松，他们自然而然就不会考虑到由主持人所带来的潜在倾向性。我们已经发现了能够最好地解读年纪小的孩子的人——他们的哥哥或姐姐。

母／子二人组：你将看到母子双方是如何对某一件商品作出决策或执行购买的过程，并能从中获得宝贵的启示。比如说，如果你对 4i4l 消费者如何决定返校服装采购感兴趣，你可以对妈妈和孩子这样说："我们打算去商店里买一些衣服，现在请展示你们是如何决定买衣服的地点以及挑选衣服的过程。"这样说完以后，你就可以退后，然后观察接下来发生的情况。你会发现母子间动态的组合，以及谁负责哪一部分的情况。

此外，如果你的问题是直接的，你可以通过一种新的方式——在一方回答问题时注意另一方的反应——注意到回答中的诚实度。某一次我们询问一位妈妈和她的孩子有关她们曾经入住的度假地点的情况。当时妈妈说："我们都很喜欢那次入住的酒店。"她的孩子立即以一种怀疑的眼光盯着她。有趣之处就在这里，而真正的答案也就不言自明了。

记住，关于洞见的获得不仅来自倾听，更源于观察。因此，在任何一次质性研究的最后总结阶段，要确保你会问自己以及其他当时在场观察的人听到了什么，更重要的是在研究中看到或感觉到了什么。

观察

最普通的观察就是获得启发的最好方式。但这也要求观察者眼观六路耳听八方，知道如何看，如何听，并且在心里记挂你的消费者和你的目标。以下是我们的一些建议：

商场考察 & 启发性散步

在实地考察一个商场时，如果事先不在心中预设任何消费者或目标，你所看到的将是一家家商铺和来来往往的顾客。某一次，我们带着一个特定的目标，即要观察 4i4l 消费者中的青少年，并以此作为开发新饮料的依据来进行商场考察。我们考察的其中一家商场是青少年，尤其是女孩喜爱的巴斯巴蒂（Bath & Body）。在巡视了一番购物架上的润肤露和香皂的名字，观察了它们的颜色以及女孩们对它们的反应以后，我们得到了一种用新瓶身包装新口味、新颜色的饮料的全新启发。

此外，将你的注意力集中到你的目标客户或其他营销目的上，去四处转转，但是这种散步的地点必须是能够观察到许多妈妈、孩子，或母子二人的场所。你可以去芝加哥，去美国女孩（American Girl）、耐克（Nike）、C&B[1]、皮尔（the Pier）等。带着目的散步，观察人们是如何交流的，观察产品的颜色、包装、味道、气味、人们的反应，从中得到一些启示。

博客蜂鸣效应

网络的一大好处在于，全世界的人们都能在这里交流。而对于营销者或市场调查者而言，它更大的好处在于，网络展示了所有这些人讨论和交流的内容！不管你手头的任务是什么，首先搜索一些与你关注的话题相关的博客，然后就开始监控博客的情况。看看别人是如何讨论你的产品、品牌，以及你所应对的

---

1 译者注：Crate and Barrel，美国本土家具连锁店。

挑战，或者仅仅是看一看他们都是如何谈论自己的生活的。然后，你的灵感会随之涌现的。

获取家庭内部情况

妈妈和孩子在家中的行为活动是一种富含启示的极佳资源。同时它能给予我们巨大的提示。更妙的是，你不用置身其中也可以获得这样的资源。我们这里说的可不是隐藏摄像机或躲进草丛里偷窥。我们数年前得到的一个经验是，妈妈和孩子非常乐意帮助营销者，并且他们会对我们以诚相待。

有了这样的基础，我们成功地做到了让妈妈和孩子拿摄像机回家，并且记录涉及我们感兴趣的活动时他们各自的表现。有一次的情况是，我们想知道妈妈在为孩子准备晚餐时都会发生什么。我们收到的录像带忠实地记录了母子之间发生的争执，甚至一些不加掩饰的有问题的卫生习惯。如果我们在场，恐怕这些都不能被成功地记录下来。我们从中还发现了有关妈妈将晚餐的建议提供给孩子，并让孩子从中选择的一些启发。我们并非没有见过妈妈让一个孩子作出选择，另一个孩子作了完全不同的选择的情况，而在这种情况下妈妈通常会满足他们的要求。结果是什么？我们为客户设计了一个具有启发意味的广告宣传。

创造环境

另一种能获得洞见的方法是，创造一个与你的项目类似的环境，并让妈妈和孩子在其中活动。比如说，我们一次的任务是开发一种新的调味品，我们建立了一些"站点"，以便孩子们能够执行一些有创意的任务。在某一个站点我们向孩子提供了许多的食品刺激物，比如雪碧、糖果、格丽特糖（glitter）、跳跳糖（pop rocks）及许多其他物品。而我们得到的启示是，一提到调味品，孩子最喜欢做的事情就是用它们把自己的各种食品装饰一番。最后我们帮助客户开发了亨氏随心喷绿色番茄酱（Heinz EZ Squirt Green Ketchup）。

在我们做的另一个相似的试验中，我们让孩子在妈妈的陪同下使用一种新生产的埃尔默彩色胶水（Elmer's Glue）。在实验中我们看到，孩子们普遍感到使用彩色胶水很有趣，但当他们使用胶水将两张纸粘在一起之后，他们会发现这些纸张的色彩并没有发生改变。我们原本可以向孩子提问各种问题，但就在观察他们使用各种美术工具时，我们得到了一种特别的启示。具体来说，孩子们对于3D、多维的艺术形式更感兴趣。与其他的美术用品不同，胶水被挤在纸上，它慢慢变干的过程有一种3D的感觉。我们同时还发现妈妈们认为"胶水"应该是用来粘贴的，而不是用来染色的。最后我们给出的建议是：重新命名，重新包装，并将埃尔默彩色胶水重新定位为埃尔默3-D彩色笔。这一举动让该公司之后的销售业绩翻了3倍，并且为后来埃尔默公司一整条生产线的开发打下了重要基础。

聘请专家

虽然这似乎有一种我们在自卖自夸的嫌疑，但利用恰当的外界辅助，能带来的价值确实是巨大的。

它能带来多种可能。 营销专家有多种商品领域的丰富工作经历，他们原先的经历将为你的商品带来更好的借鉴和启示。当市场营销还处在包装营销时期，我从一家甜食公司的营销主管跳槽成为另一家经营家庭清洁产品公司的营销总监。这样做的结果是，我成为首批在家庭清洁类产品中进行零售促销活动的人，这种做法在该领域从未实行过。同类做法已经在甜食市场上存在已久，但它对于家庭清洁类产品而言仍是高效且具有独特效果的。此外，你听说过许多快速消费产品（CPG）的营销者进行企业对企业营销（business-to-business marketing）吗？事实上，这样做的人之中，许多后来都成了商界明星，就是因为他们在快速消费产品的营销上坚持企业对企业营销的方式达数年之久。

它能带来丰富的经验。 雇用一家调查消费者观点的专业营销代理商的好处正在于此。这能让你在获取经验方面抢跑一大截！类似这样的公司通常能带来之前从其他工作经历中得到的丰富经验。那些帮助开发玩具的创意也许对食品的开发也同样有效。麦片推广的创意也许对医药用品的推广有所启示，美容健康方面的见解也能指导饮料营销方案，等等。一个例子就是，在对一家医药公司的新产品进行概念测试的过程中，我们就运用了从另一种产品中得到的启示，将这一概念进行加工改造，进而取得更加令人满意的效果。

　　换种方式说，从你和你的公司所经历的事件中去探索洞见，如果仅以自己的力量探索，或停留在原地思考，所取得的收获是有限的。而让一些经验丰富的专家参与进来，你很有可能得到一些突破思维定势的洞见。

第十章　如何拦截消费者——4i4l 消费者和媒体

今天的营销者们十有八九没有能力负担那些少数昂贵的，可以同时让妈妈和孩子都接收到讯息的非主流媒体。黄金时段的电视广告或其他大众媒介的手段对大多数营销者而言还是太贵。在 2005 年秋季，《美国偶像》中一个 30 秒的广告就要价 500 万美元。因此，鉴于大多数情况下妈妈和孩子的媒体接触习惯不尽相同，我们要如何做才能以最佳方式拦截 4i4l 消费者的注意？

要了解如何最好地拦截我们的 4i4l 消费者，我们首先应该了解妈妈和孩子的媒体接触习惯。

今天的孩子与媒体

我们提到过，如今孩子周围的媒体环境已发生了巨大的改变——即使在过去 5 年之内也是如此。凯瑟家庭基金会最近调查了媒体对 8~18 岁孩子生活中的影响，他们发现：

5 年前，我们对年轻人所处的媒体环境进行了调查，当时我们总结儿童家庭是"媒体丰富"的。而 2004 年的调查让我们不得不使用一个更激进的修饰语，那就是现在的儿童家庭已经"媒体饱和"了。

对美国年纪最小的这批孩子而言，他们几乎从出生起就沉浸在电子媒体和互动媒体的世界里。电脑的价格已经大幅降低，高速的因特网连接也十分普及，价格实惠的数码录像机在市场上随处可见。DVD 放映机、数字音乐下载、音乐文件分享等等都不是什么新鲜事了。现在甚至于最强势最具人气的互联网程序、博客、播客等都有广大的用户。所有的这些发展已经重塑，并将继续重塑今天青少年使用媒体的习惯。

今天的孩子已经习惯了一个家庭中拥有 3 台电视、3 台 CD/ 磁带播放机、3 台录音机、3 台 VCR 或 DVD 放映机、2 个电子游戏操纵台和 1 台电脑，这其中至少 30% 的电脑可以进行高速网络连接。根据凯瑟家庭基金会的数据，就在过去的 5 年中，8~18 岁孩子的家庭中，电脑的占有率已经从 13% 上升到 86%。并且，同样在这 5 年内，其电脑的网络连接率已经从 30% 跃升到 74%。

不仅今天家庭的媒体环境改变了，孩子个人拥有媒体设备的比重也全方位提升了，这使得他们不仅在卧室里有个人媒体设备，并且还有多种可随身携带的设备。2004 年，一项对个人媒体设备拥有率的调查报告显示如下：

个人媒体设备拥有率：按年龄归类的总样本

儿童卧室中的拥有率

媒体类型	8~18 岁		8~10 岁	11~14 岁	15~18 岁
	2004 年	1999 年			
电视	68%	65%	69%	68%	68%
录像机 /DVD 放映机	54%	36%	47%	56%	56%
数字 VCR	10%	—	8%	13%	9%
收音机	84%	86%	74%	85%	91%
唱片 / 磁带	86%	88%	75%	59%	92%
电子游戏	49%	45%	52%	52%	41%
电脑	31%	21%	23%	31%	37%
有线电视 / 卫星电视	37%	29%	32%	38%	40%

续表

媒体类型	8~18 岁		8~10 岁	11~14 岁	15~18 岁
	2004 年	1999 年			
额外收费频道	20%	15%	16%	21%	20%
网络	20%	10%	10%	21%	27%
即时通信软件	18%	—	9%	17%	27%
电话	40%	—	31%	39%	50%

拥有率（儿童个人）

	8~18 岁		8~10 岁	11~14 岁	15~18 岁
手机	39%	—	21%	36%	56%
便携 CD/ 磁带播放机	61%	—	35%	65%	77%
MP3 播放机	18%	—	12%	20%	20%
笔记本电脑	12%	—	13%	11%	15%
手持电子游戏	55%	—	66%	60%	41%
个人数字助理	11%	—	9%	14%	8%
手持网络装置	13%	—	7%	15%	17%

来源：M 代人，8~18 岁人生活中的媒体（7251 号），亨利·J. 凯瑟家庭基金会，2005 年 3 月

此外，虽然今天的孩子有各种与媒体接触的途径，家长的监督却似乎没有紧跟其上。在只有不到 15% 的 7~12 年级孩子的家庭中，家长规定了媒体活动的时间和内容。

至于现在的孩子们都使用哪些媒体，首先可以确定的是：电视依然最受欢迎。事实上，电视受欢迎的情况在过去 5 年内并没有太大的变化。调查显示，8~14 岁的孩子们 ·天要花 3 小时以上用来看电视。

看录像和 DVD 碟片也成为孩子们，哪怕是最小的孩子生活的一项固定活动。根据凯瑟家庭基金会在 2003 年秋季的一项名为"婴儿生活中的媒体"的调查，我们并不惊讶地发现那些婴幼儿以及学龄前儿童平常的一天是怎样度过的：几乎有一半的 0~6 岁的儿童每天都看录像或 DVD 碟片，而这一年龄段的孩子观看

影碟的时间（38 分钟）与那些大孩子花的时间几乎一样！

媒体收看率

荧屏类	8~10 岁	11~14 岁	15~18 岁
电视	3:17	3:16	2:36
录像、DVD 影碟	0:53	0:46	0:44
电影	0:31	0:23	0:21
纸张类			
书籍	0:27	0:21	0:24
杂志	0:12	0:15	0:13
报纸	0:04	0:05	0:07
音响类			
收音机	0:29	0:57	1:15
唱片、磁带	0:30	0:45	1:09
电脑类			
游戏	0:20	0:17	0:19
网站	0:08	0:13	0:19
聊天室	0:03	0:04	0:03
电子邮件	0:02	0:05	0:06
即时通信工具	0:03	0:18	0:27
图片	0:02	0:04	0:05
整个电脑	0:37	1:02	1:22

来源：M 代人，8~18 岁人生活中的媒体（7251 号），亨利·J. 凯瑟家庭基金会，2005 年 3 月

　　收听收音机或音乐一直是美国青少年的生活习惯。孩子们用他们听的音乐标榜自己已为大家接受的事实。许多孩子甚至会告诉你，他们通过一个广告的背景音乐就能判断这个广告是否与他们相关。迪士尼唱片的营销副总裁戴蒙·怀特塞德谈到，"8 年前，我们还认为只要是孩子的音乐，那么 0~12 岁的所有孩子都会喜欢。而现在，这一情况变得分散了——0~2 岁、2~6 岁以及 6~12 岁的孩子可能会喜欢三种不同的音乐。"收听音乐对青少年而言是更重要的事，相对于小一些的孩子，他们看电视的时间已经减少了。而 15~18 岁的青少年平均要花 2.5

个小时收听电台、听唱片和磁带——这几乎已经等同于他们看电视的时间了。

利用音响设备进行拦截营销的一大挑战以及长期以来讨论的核心都是：第一，它在许多情况下仅仅就是个背景。第二，孩子们一旦收听到广告就会迅速换台。而现在，由于孩子们都更喜欢录制好的唱片，这个困难就愈发严重。

但是，现在一个新的机遇和挑战已经浮出水面了，它就是播客（Podcast）。播客是被人发布到网站上的，类似于一档电台节目的音响文件。它是免费的，因此你可以随时随地下载收听。对于营销者而言，这其中的一大挑战来源于播客市场的混乱性。因为每个人都可以制作自己的播客，而放眼望去有成百上千个播客，让人无从下手。2005 年 7 月，iTunes 为用户提供了更易搜索的，能够快捷订阅和下载的播客。

当播客发展壮大，且日趋成为使媒体碎片化的新梦魇时，它还为营销者提供了制作自己的播客，将其包装，并推广给消费者的机会。在某种程度上，营销者们现在可以（当然赞助商也可以）制作他们自己的节目，就像过去的肥皂剧一样！

毋庸置疑，电脑无疑是过去几年儿童使用的媒体中变化最快的。不仅更多的家庭拥有了电脑，而且这些电脑也变得更有趣，更能吸引孩子的注意——这其中包括更多的网络内容、更好的网页界面、更大的聊天空间等等。因特网成为孩子们新的游乐场。它向孩子提供多种的娱乐活动：音乐下载、电台收听、网上购物，以及让父母忧心的 AIM[1]。不管你想要哪种娱乐方式，不用离开电脑你就能享受到。

下面显示的是 2005 年年中媒体调查中心所作的一项调查，它显示了 2~18 岁的孩子最常访问的十大网站。

看一看其中的一些网站，我们能得到一些营销上的启发。比如至少其中有两项——Orignialicons 和 Iconator 是有关上传和下载有趣图标的网站。图标是孩子们经常在即时聊天软件或电邮中用来自我表达的一种可见图像。孩子们喜欢

1　译者注：美国在线 AOL 开发的即时聊天软件，与 QQ 类似。

2~18 岁孩子最常访问的十大网站		
网站	活跃用户 百分比	活跃用户 人数（千人）
Orignialicons.com	80.0%	354
Iconator	79.7%	577
Zenhex.com	77.8%	629
Crush007.com	75.1%	377
Myscene.com	73.8%	902
Plyrics.com	73.6%	435
eCRUSH	73.0%	416
QuickKwiz	72.7%	621
Buddyprofile.com	72.3%	910
Picgames.com	72.0%	333

注：百分比小数点四舍五入

来源："同侪共欢乐：青少年之友"媒体调查中心，2005 年

图标，这是一大机会：营销者可以创造他们自己品牌的图标、人物、商标或其他任何象征性图形，只要它们能给孩子带来实际有趣或很酷的感觉，同时还能让他们想起这个品牌。

其中两个有关寻找青少年之间"秘密"恋情的网站则包含了有趣而天真的约会和撮合的技巧、讨论等等。这其中会有广告或推广主题之类的营销机会吗？那是一定的。

也许眼下网络上最时兴的一个新事物就是网络视频短片了。如果在一个特定的，由营销者赞助的网站（且只在这个网站）上，孩子们可以上网观看生动演绎的，也许还是高质量打造，实地拍摄的短片，那么这真的是新世纪的肥皂剧了！我们中间有些上了年纪的人还能记起电子媒体时代，宝洁公司创造并制作了它自己的电视节目，以此来向消费者推广产品（由此开启了广告肥皂剧的先河）。

在大约五六年前，老虎电子公司（一家具有超前思维的玩具公司）在许多其他的营销者有类似想法之前，看到了一个创造自己专属"连环漫画"的机会——就像网站短片一样。像许多玩具公司一样，老虎电子意识到如果这个漫画能够为公司新生产线上的动作玩偶（就像孩子喜欢的特种部队系列和星球大战系列故事中的玩偶）提供一个故事线索，那么孩子们就会想要购买他们。在这个看起来很精明的策略中，老虎电子公司并没有花费数百万美元打造一档有关这些玩具故事的电视节目。相反，他们将这些故事制作成简单的动画片，并将他们发布到了网站上。真是很棒的想法，但却选错了时间！他们的这个主意事实上非常聪明，但美中不足的是太过超前，当时还没有多少孩子会上网！

　　但是现在，孩子们都在网上了，并且动画技术十分便宜。我可以打赌，我们今后会越来越多地看到由公司赞助的网络视频短片。

"我的主张"娃娃

　　下面介绍一个已经发布了含有公司赞助内容的有趣网站——"我的主张"（MyScene）。这家网站由美泰（Mattel）公司经营，主要内容是介绍其产品："我的主张"娃娃。在这个网站上女孩们能够看到商品本身，能够玩游戏，同时最重要的是，在观看网站上有产品人物角色的新动画片时，女孩们能够完全置身于产品和品牌的环境中。留意图中消息"点击观看我们的官方电影页面！"它让用户直接进入观影页面。

　　这个网站创造了一个能让人沉浸其中的极佳环境。注意"我的节目"按钮能让用户观看一系列由这个产品的娃娃角色出演的网络短片。

　　另一个在网络营销和品牌推广中使用了能让人沉浸其中的故事的例子是塔吉特公司。它在新的电视广告中告诉青少年们去 oddsagainst7even.com 观看系列短片。

　　营销者应该特别注意，

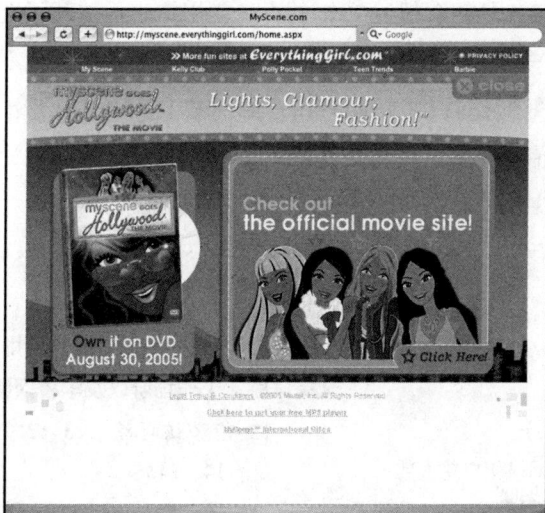

美泰公司拥有芭比和"我的主张"™商标的持有权和使用许可权，©2005，美泰公司版权所有

今天的网络不仅是青少年娱乐的方式，而且还变成了一种新的沟通方式。它成为孩子们之间互相交流，以及与品牌交流的平台。有数据显示，13~17 岁的孩子中 93% 是即时通信工具的用户，10% 的少年拥有自己的个人网页。不同年龄阶段的孩子都使用电邮、即时通信工具并且积极地使用网络来获取信息。

结果是，孩子的正面口碑前所未有地成为一个巨大推力。营销者可以利用这一点进行蜂鸣营销，首先赢得孩子的正面口碑，然后刺激孩子们将这些积极评价在网络上广泛传播。

此外，一旦儿童成长到青少年阶段，网上购物就会成为他们的家常便饭。因此，网络上服装零售商对青少年的猛烈营销攻势也就不足为奇了。2005年 1 月，有超过 70% 的青少年用户表示访问了至少一家服装零售商的产品目录网站。专业类服装零售商在 13~17 岁访问者用户的网站上集中进行营销宣传。许多这些网站都使用了引诱型营销策略，让青少年将品牌产品变成他们日常生活的一部分。

最常见的儿童及青少年上网活动

5~9 岁的儿童
玩游戏
完成学校作业
发电邮

7~12 岁的儿童
玩游戏
听音乐
观看视频、卡通片
搜索名人资讯
搜索电影、电视资讯
使用 AIM 聊天

13~19 岁的青少年
下载音乐
网上购物
观看音乐视频
听网络电台
使用 AIM 聊天
搜索名人资讯

13~17 岁访问者集中的服装零售商排行，2005 年 1 月
全美家庭、工作场所以及学校网络用户（千人）

	13~17 岁访问者	13~17 岁访问者百分比	百分比指数
网络用户总人数	14，243	8.8%	100
零售服装目录访问者	10，137	7.7%	88
Hollister.com	192	29.6%	338
Hottopic.com	2352	6.9%	307
Babyphat.com	114	24.7%	281

续表

	13~17 岁访问者	13~17 岁访问者百分比	百分比指数
Alloy.com	585	22.4%	255
Pacsun.com	149	21.9%	250
Ae.com	313	17.5%	199
Abercrombieandfitch.com	205	17.1%	194
Cduniverse.com	128	14.7%	168
Musiciansfriend.com	198	14.5%	165
Foor Locker sites	313	13.8%	157
Ebgames.com	150	13.6%	155
Nflshop.com	114	13.0%	148
Bartleby.com	153	12.4%	141
Shoes.com	114	11.8%	135
ROXY（Roxio, Inc.）	315	11.5%	131

来源：媒体矩阵调查，2005 年 1 月

自 1999 年以来，孩子进行电脑活动的总数已经翻了不止两番，而这其中增幅最大的活动集中在网络游戏、网站访问，以及即时通信上。有趣的是，即时通信在 5 年以前甚至还没有出现。而在全美青少年用户中，四分之一的人每天平均使用即时通信工具的时间为 38 分钟。

8~18 岁用户的网络使用情况及上网时间

	全天使用情况			
	2004 年使用率	平均用时	1999 年使用率	平均用时
休闲活动	54%	1:53	47%	0:58
娱乐活动	47%	1:41	24%	0:46
电子邮件	25%	0:18	18%	0:19
网站	34%	0:39	22%	0:30
即时通信	24%	0:38	—	

1999~2004 年青少年电脑使用时间

电脑活动	2004 年使用时间	1999 年使用时间
玩游戏	0:19	0:12
访问网站	0:14	0:07
访问聊天室	0:04	0:05
电子邮件	0:05	0:04
即时通信	0:17	NA
图片	0:04	NA
总体使用时间	1:02	0:27

来源：M 代人，8~18 岁人生活中的媒体（7251 号），亨利·J. 凯瑟家庭基金会，2005 年 3 月。0~6 岁婴儿、婴幼儿及学龄前儿童生活中的媒体，（3378 号），亨利·J. 凯瑟家庭基金会，2003 年 10 月

正如我们所料，随着儿童的成长，他们对电脑的使用也成正比大幅增加。但有趣的是，8~10 岁的儿童中，超过五分之一的人每天都浏览网页，十分之一的人使用即时通信工具。

不同年龄孩子的电脑使用情况

活动种类	8~18 岁	8~10 岁	11~14 岁	15~18 岁
A. 平均每天在不同的电脑活动中所花时间				
游戏	0:19	0:20	0:17	0:19
网页	0:14	0:08	0:13	0:19
聊天室	0:04	0:03	0:04	0:03
电子邮件	0:05	0:02	0:05	0:06
即时通信软件	0:17	0:03	0:18	0:27
图片	0:04	0:02	0:04	0:05
整个电脑	1:03	0:38	1:01	1:19
B. 前一天进行的不同电脑活动各占比重				
游戏	35%	37%	37%	29%

续表

活动种类	8~18 岁	8~10 岁	11~14 岁	15~18 岁
B. 前一天进行的不同电脑活动各占比重				
网页	34%	21%	34%	45%
聊天室	10%	8%	11%	9%
电子邮件	25%	11%	26%	36%
即时通信软件	26%	10%	26%	39%
图片	12%	9%	13%	14%
任何电脑使用	54%	42%	55%	61%
C. 前一天使用电脑超过 1 小时的人数所占比重				
任何电脑使用	28%	18%	26%	37%

来源：M 代人，8~18 岁人生活中的媒体（7251 号），亨利·J. 凯瑟家庭基金会，2005 年 3 月

今天的孩子无疑会接触到越来越多的媒体形式。根据罗珀调查，至少有 40% 的孩子利用高速或宽带上网，五分之一是通过无线网络连接上网。可以客观地假设，只要在以后的日子中无线网络越来越普及，那么媒体的机会就会持续增多。

实际上，传媒公司和游戏公司也在这方面共同合作，相互帮衬。传媒公司需要寻找新的出口，而游戏公司由于游戏开发的高投入，需要更多的资金。电脑游戏的广告不会是静态的，相反，这些游戏会被放到网页上，并且不定时进行更新。这意味着营销者可以购买那些媒体与游戏公司的接触记录。

可以想象，今天最年轻一代的孩子将最终会比今天的青少年更懂电脑和网络。7 岁及以下的孩子中，有家庭网络连接的孩子是那些家中订阅报纸的孩子的 2 倍。根据《广告时代》杂志的一篇文章报道，几乎有一半的 7 岁及以卜的孩子已经用上了电

4 ~ 6 岁儿童中	
已经使用电脑	70%
会用鼠标	64%
在没有父母的陪同下使用电脑	56%
访问儿童网站	30%
每天使用电脑	27%
要求网站	20%
在父母的帮助下发送邮件	17%

来源：《广告时代》杂志

脑，有 18% 每天都使用电脑。当调查的对象变为 4~6 岁的孩子时，我们发现这些数据分别变成了 70% 和 27%。

第三屏

过去几年中，虽然孩子们已经开始频繁地使用电脑和网络，但我们相信一种新的，甚至可以说是更重要的媒介即将成为 4i4l 营销中的主力——尤其是对我们的青少年儿童而言。它就是手机，现在有人将其称为"第三屏"（The third screen），其作为一个重要媒介以及巨大营销工具的地位正在不断凸显。据调查，在 11 岁及以上的孩子中，大约有一半人拥有自己的手机。同时，虽然短信业务在美国的受欢迎过程比在欧洲要来得稍慢了些，但它的发展速度正不断加快。我们已经知道青少年对即时通信工具的追捧程度，而短信几乎拥有所有即时通信工具的功能，并且能让用户在没有电脑的情况下进行沟通。

2004 年 12 月，美国共计发出了 46.6 亿条短信，这比上一年同月增长了一倍多。2005 年 4 月，而根据青年市场之鉴的调查，有三分之二的 13~24 岁的手机用户发出了至少一条短信。

现在，手机服务运营商开始为用户实现只用缴纳较低的月租就能享受"短信全包"的业务，因此短信业务在未来必然会有较强势的增长。此外，不少手机已经输入了预设的文本，只要输入一两个字母就能将整个单词拼出，发短信变得越来越简单。

同时，如果这还不足以让营销者感到兴奋的话，想一想所有的手机都将具备全球定位系统（GPS）吧。这样一来，一方面 911 接线员将能更快地定位那些身处困境的手机用户，一方面营销者将能实现在一个特定的场所（如麦当劳外面）向手机用户发送短信或促销信息的目的。

只要想一想那些随时随地都能收发信息的孩子，再以营销者的角度思考其中哪些可以用来进行广告或促销宣传。我们将在接下来的章节中进行更细致地讨论。

第三屏提供的不仅仅是文本信息。不久的将来，它还能提供整个视频或其他下载。根据《青年市场之鉴》的报道，斯普林特[1]与迪斯尼、华纳兄弟以及芝麻街联合，与其他电话运营商共同签署了一份协议，能确保用手机下载一些青少年用户会感兴趣的软件、视频等等。华纳兄弟甚至开通了手机视频通道，通过斯普林特，提供包括《华纳明星总动员》《老友记》等在内的 3~5 分钟的短视频。

多任务处理

将孩子们一天所使用的各种不同媒介全部加到一起，包括荧屏类、纸张类、音响类、电脑，还有一玩就是一个多小时的电子互动游戏，我们算出 8~18 岁的孩子一天曝露在媒体环境中的时间是 8.5 个小时！这一数字在过去 5 年中整整增加了 1 个小时。这让我们不禁想问，他们似乎没有时间做其他的事情了吧？

孩子们每天长时间使用媒体，以及曝露在媒体环境中的原因就是他们多任务处理的能力。今天的青少年频繁地在同一时间使用不同种类的媒介。他们会在看书的同时，一边听音乐或一边看电视。他们会在看电视的同时利用即时通信工具与一群朋友聊天。孩子们至少有四分之一的时间是处在媒体环境中的，因为他们在进行多任务处理。

总体媒体使用

	总体使用	多任务处理	因特网使用
8~10 岁	8:05	27%	5:52
11~14 岁	8:41	25%	6:33
15~18 岁	8:44	25%	6:31

来源：M 代人，8~18 岁人生活中的媒体（7251 号），亨利·J. 凯瑟家庭基金会，2005 年 3 月

---

1 译者注：Sprint，美国知名全球移动业务运营商。

8~17 岁孩子的多任务处理情况		
	看电视	上网
讲电话	34%	22%
听音乐	22%	32%
看电视 / 上网	17%	18%
看杂志 / 书	5%	1%
来源：媒体展望		

对于孩子而言，边看电视边进行多任务工作似乎是极为简单的事。事实上，《包装事实》杂志最近的一项调查表明，更大一些的青少年坦承，随着不断长大，他们对电视的兴趣逐渐减弱。这并非指他们不爱看电视，他们只是有很多其他的事情要做——尤其是浏览网页，这让他们减少了对电视的爱。作为参考，8~14 岁的孩子中有 80% 称他们爱看电视，而在 12~14 岁的孩子中这样回答的人数减少到了 60%。孩子们表示，他们在看电视的时候不仅一边上网，同时还会吃东西、做家庭作业、打电话、或者听音乐。当然，随着电视广告引导孩子们上网获取礼品、观看视频短片等等，你能肯定这种同时使用电视和网络的情况将一直增加。

当我们将电视观众和多任务处理放在一起讨论时，一个特殊的问题出现了，就是眼下普遍发生的一个事实：电视机经常只是家庭的背景噪音。每 10 个孩子中就有 4 个孩子的家庭会把电视当成背景音，即使在没人看的情况下也将电视开着。几乎 60% 的家庭会在吃饭时开着电视。因此，即便营销者盯着那些电视购买的用户，认为他们同时也将看到所有那些面向妈妈或孩子的广告，也很可能只娱乐了家里的宠物狗而已！

因为浏览网页时人们的关注度会自然提高，因此这时的多任务处理会倾向听音乐。

毫无疑问，我们在面向 4i4l 消费者的孩子进行营销时，营销手段也要发生大的改变。直到最近，电视成为，也应该成为与全美国青少年沟通的一个终结。为什么？孩子需要刺激物,而目前电视是唯一一个提供视觉、听觉和动态刺激的媒介。

而因特网，甚至手机不仅提供了电视所具备的视觉、听觉和动态刺激，它们同时还要求消费者的参与。在看电视时，孩子们只需被动地坐着看或者不看，新媒体需要孩子们变成积极参与的一份子——你至少得点击或移动一下你的鼠标！

想一想这个问题。还记得我们在第四章中提到过的儿童的主要动机吗？它们是：**追求乐趣，找到归属，获得权力，享受自由**。现在问问自己，有其他任何媒介能比因特网更全面地满足以上这四个动机吗？孩子获得了控制权，能想看什么就看什么。事实上，所有他们看到的东西都是基于他们自己的选择。他们有自由选择何时何地进行这项活动。他们能得到有关色彩的、声音的、动作的，以及无限种类的乐趣（或感受）。而至于归属感——我们有网络社区。

电脑和手机对于今天的孩子的地位正相当于电视对于婴儿潮一代的地位。今天的青年不再需要在电视上收看他们最喜欢的节目。他们可以在电脑上收看，甚至还能看到更新的、更独特的节目。尼克频道目前已经面向青少年开通了新的特伯尼克频道（TurboNick），并增加了它的在线节目内容。特伯尼克会提供每周 20 个小时的最新的在线节目，大到整集节目，小到 30 秒的视频短片。

口碑

在如今环绕型的媒体环境中，哪一种媒介才是为孩子提供所需的衣食住行以及娱乐方面各种信息的来源呢？电视的地位仍然首屈一指，但对于孩子们所说的"其他来源"而言，它的地位显然有些不保。有调查显示，这些"其他来源"事实上是目前能从其他各处媒介（如即时通信工具、手机、电邮、网页以及聊天室）获得的口碑或评价。虽然 8~17 岁的孩子仍然将电视列为业余时间最主要的媒体接触对象，但这一数据在过去 2 年内已经下降了 5 个百分点（变成了 72%）。而在同期，因特网作为最主要的使用媒介的数据上升了 8 个百分点（有 30% 的孩子持这一观点）。

8~17 岁的孩子：挑选不同商品时最佳消息来源

	电视	同比去年	其他来源	同比去年
新衣服	54%	−2%	23%	+8%
新音乐	38%	−2%	15%	+6%
购物场所	31%	−5%	17%	+6%

来源："协商一致的孩子"，罗珀调查，2004 年

妈妈与媒体

根据最近一次的《媒体扫描》(*MediaScan*)的报道，妈妈们每周平均花 64.32 小时，每天平均花超过 9 小时使用各种媒介。她们大多数时间看电视，其次听收音机。

如今的妈妈们在变得愈加精明，有教养的同时，也变得更加忙碌，并且总感到时间不够用。自然而然，这就使得妈妈频繁地借助新的媒介来寻找

妈妈使用不同媒介的时间	
电视	56%
收音机	25%
网络	11%
报纸	4%
杂志	2%

来源：媒体扫描，2003 年秋季

她需要的产品或服务的相关信息。因特网能在任何她需要的时候让她搜集到尽可能多的信息。而我们在上面的表格中也已经展示，因特网占据了她全部媒体使用时间的 11%。根据 ClickZ 民意调查（ClickZ Stats Demographics），90% 的妈妈使用网络是由于它们能够节省时间。根据美国在线数字市场服务（AOL Digital Marketing services）的调查，80% 的妈妈表示，她们每周平均花 2 个小时在网上完成一些家庭活动的计划和杂务。ClickZ 上的一篇新闻还谈到，85% 的妈妈还认为，上网或者陪伴孩子，参与他们的部分上网活动是现代家庭教育的重要组成部分。我们还用说其他的吗？

有一点可能会让许多营销者吃惊：越来越多的妈妈正在成为家里的上网专家。根据 ClickZ 的新闻，一半的妈妈认为她们比自己的丈夫和孩子都要精通电脑技术，而另外有四分之一的妈妈认为她与丈夫和孩子一样能够熟练上网。

根据美国在线数字市场服务的研究，那些上网的妈妈们平均每周的上网活动花费 17 个小时——这比她的十几岁的孩子上网的时间还多，并且这基本相当于她看电视的时间。

此外，妈妈们还会信任网络提供给她们的信息。根据 ClickZ 上特萨·韦格特撰写的一篇题为《发掘妈妈市场》的文章，有半数的妈妈同意因特网改变了她们获取产品信息的方式。根据 ClickZ 民意调查，有 96% 的妈妈认为网络信息是家庭教育的一项可靠的信息来源，而有超过 40% 的妈妈认为网络是她们查找

信息的首选途径。后一点对于今天的营销者而言尤为重要。

根据韦格特的文章，有超过三分之一的妈妈表示她们比以前更多地在网上购物了。结果自然就是，大部分妈妈们认为会再次使用这些网站，因为这让她们更加快捷地寻找其他所需的东西。

那么，如今的妈妈们会在网上做些什么呢？基本上是所有的事情！

对于营销者而言，特别重要的是要统计妈妈们上网查询旅行计划、需要购买的

妈妈的上网时间	
电子邮件	96%
计划 / 研究旅行	75%
获取新闻 / 最新动态	71%
银行 / 管理财务	68%
研究要购买的物品	67%
获取健康信息	66%
查找食谱	63%
查询折扣、优惠信息	55%
研究住房改善方案	35%
来源：美国在线 /ORC 研究，2004 年	

物品信息，以及优惠信息的数量。当妈妈们上网购物时，她们期望达成一笔好交易。有 41% 的妈妈在网络促销活动中购买了物品，她们称如果不促销她们也不会下手。有 23% 的妈妈在本地服务类消费中使用了从网络下载的优惠券，有 50% 的妈妈在购买杂货时使用了网络优惠券，有 43% 的妈妈通过兑换优惠券获取了家用产品。

根据 ClickZ 的新闻，妈妈的另一项主要采购活动——购买礼品，也在网络搜索数量上呈现出快速增长的趋势。超过四分之三的妈妈称她们进行过这样的搜索，并表示了再次在网上购买礼品的意愿。

妈妈们可以在哪里搜索到信息？她们都爱上雅虎、美国在线、MSN。如果她们要计划家庭旅行,地图搜索(Mapquest)则是首选。她们十分频繁地使用网络。

考虑到妈妈们对于网络使用的情况，对于产品口碑的病毒式营销（viral marketing）是能够对她们奏效的最强势途径。根据 BMS 媒体研究，口碑传播是在妈妈之间最有效的营销形式。64% 的妈妈称她们在为孩子买东西时会依赖其他人的推荐，而许多口碑的信息则是从电邮或聊天中得知的。

和孩子相比，妈妈在使用新媒体的同时并没有明显减少对传统媒体的使用。她们仅仅是增加了更多的媒体手段而已！少于 20% 的妈妈感到她们现在看电视

妈妈每月访问情况	
网站及类型访问量（千人）	
雅虎	19193
雅虎搜索	10626
雅虎邮箱	10289
雅虎新闻	4551
雅虎音乐	3662
MSN	15619
MSN 搜索	8283
微软广（MSNBC）	5190
MSN 娱乐	4307
美国在线（AOL）	13571
美国在线搜索	5458
美国在线娱乐	5444
美国在线即时聊天	4545
地图搜索	8302

来源：媒体矩阵，2005 年 6 月

的时间少了，只有 13% 认为她们因为上网的缘故更少读书或看杂志了。电台作为与网络使用最合拍的媒介，也在调查中显示出较稳定的收听情况。只有 5% 的妈妈认为她们由于上网而减少了收听电台的时间。

但总体来说，妈妈们并没有轻松享受媒体的时间。她只能在有限的、不连续的小块时间内匆匆使用。根据 AC 尼尔森的调查，她可以算是最少看进去电视的人，平均每人每周看电视的时间是以半小时为单位计算的。而与她们的孩子一样，妈妈们也会多任务处理。大约有三分之二（64%）的妈妈称，她们一般边看电视边做其他的事情。

妈妈们一旦有了空闲时间，最喜欢做的事情之一就是阅读杂志。银鹳调查公司（Silver Stork Panel）的专门小组在 2003 年 9 月所做的一项调查发现，妈妈们谈到自己在能够享受一个人难得的休闲时光时，有三分之一的人会想要先阅读一本杂志或一本书，然后再补上一小觉。与此一致的是，2005 年春季 MRI 研究发现，总体而言，妈妈比一般女性更喜欢阅读杂志。

此外同样重要的一点是，由于妈妈们繁重的工作和家务，杂志对于今天的营销者而言是较理想的传播载体。杂志在本质上是一种可选择加入的媒介。由于杂志提供了快速便捷的阅读体验，既具娱乐性又富含信息，它们很好地满足了妈妈们在时时刻刻忙碌的空隙的阅读需要。而与电视或电台不同的是，阅读并非一种被动的活动，它要求读者的投入、关注和集中注意力。因此，如果你的广告既有吸引力，又与妈妈相关，那么这种等量的投入、关注和注意力的集中就能被转移到你在杂志刊登的广告上。

此外，在所有的媒体中，杂志可能是唯一妈妈们真正为了广告（至少是作为部分原因）而购买的东西。最近一项由斯达康进行的研究发现，当读者们被要求从最喜爱的杂志上撕下十页最能代表这本杂志的精华时，有十分之三是广告。

2005 年的罗珀调查发现，48% 的妈妈认为广告为她们阅读杂志的过程带来了享受，有 71% 认为杂志中的广告是可以接受的。与此相对的是，只有 44% 认可电视广告，11% 认可网络广告。

妈妈们还认为杂志是最让人信赖的媒体。出于这一点，加之妈妈们认为养育儿童方面的决定事关重大，她们在调查中都将杂志列为最喜欢的儿童抚养参考。

如我们所料，我们的 4i4l 消费者十分热衷于阅读杂志，尤其是育儿杂志。举例来说，有大约五分之一的 12 岁及以下儿童的妈妈阅读《美国宝贝》杂志，而这份杂志的全部读者中有 79% 都是 12 岁及以下儿童的妈妈。

同时，妈妈除了育儿，也会关心其他事物。因此不同种类的杂志，如有关她们各类兴趣爱好的，时装类、娱乐类的杂志都很受欢迎。

在了解了目前的读者趋势后，你就能将更具普及性的大众杂志列入考虑的范围。虽然不能与育儿杂志刊登的广告相提并论，但它们仍能触及一些重要的潜在

妈妈阅读的育儿杂志

	12 岁及以下儿童妈妈读者人数百分比	12 岁及以下儿童妈妈读者占总读者人数百分比
父母世界（Parents）	32%	75%
美国宝贝（American Baby）	19%	79%
为人父母（Parenting）	19%	73%
家庭乐趣（Family Fun）	16%	73%
宝贝说（Baby Talk）	15%	75%
儿童杂志（Child）	10%	76%

来源：西蒙斯调查，2004 年

妈妈阅读的大众、娱乐、时尚杂志

	12 岁及以下儿童妈妈读者人数百分比	占总读者人数百分比
人物（People）	43%	40%
家庭周期（Family Cycle）	28%	35%
魅力（Glamour）	21%	53%
都市（Cosmo）	18%	47%
时尚（In Style）	11%	53%
自我（Self）	9%	51%

来源：西蒙斯调查，2004 年

客户。由于这些杂志的内容包罗万象，因此有大量目标客户之外的客户。但同时，由于它们内容庞杂，你会发现能与你竞争的同类广告很少，而这无疑为你的品牌增加了脱颖而出的机会。

比如说，我们的客户——婴芙乐公司总裁让我们将他们的新婴儿车广告放在《人物》杂志上。由于这项广告费用价格不菲，而我们客户的总体预算相对吃紧，我们鼓励他将目标转移到那些大众化的，价格稍便宜的，并且能够更具针对性的育儿杂志上。他没有采纳我们的意见，我们因此还是将广告放在了《人物》上。我们之前的判断失误了！单单这一个广告就使得一周时间内销出了成千上万个婴儿车！怎么办到的？因为它在这份杂志上没有同类竞争对手。在某种程度上它的出现如此出人意料，因而迅速地吸引了人们的眼球。这个讯息直接而精确，而又有足够的目标客户是该杂志的读者。此外，由于这份杂志是零售商会在其商店中突出展销的杂志，部分零售商在推销杂志的同时还另外展示了它的产品目录。这个故事说明我们还有很多东西要学！

同时，由于妈妈对于多任务处理的需要，她很可能会经常开着收音机。根据韦格特的文章，60% 的妈妈称她们每天都收听电台。她喜欢电台，并且她在不同的地方，不同的时间都能收听到电台讯号。妈妈每天有大部分时间是接送孩子上下学，去日托以及课外班的路上，同时也会自己或带上孩子一起去商店购物。已婚且育有孩子的女性每天花超过 1 小时的时间驾车。而在开车的时候她是极有可能将收音机打开的。

　　另一种相对较新的能影响妈妈们的媒体是电影院的剧院广告（movie-theatre advertising）。它们的存在受到了关注！根据西蒙斯调查的数据，有大约一半的妈妈称自己注意到了那些走廊里和电影院里的广告。

拦截哪一部分 4i4l 消费者（孩子或妈妈）？

　　在了解了 4i4l 消费者面对的是怎样的媒体环境以后，现在是考虑使用不同媒体策略的时候了。如何才能让母子双方都能接收到我们传递的信息呢？

　　有人会问，既然孩子在很大程度上影响了购物决策，那么我们是否可以理所当然地直接面向孩子营销？我们的回答是：如果孩子的年龄在 4 岁及以上（具体见第三章），那么这是可取的。对于那些手中广告预算并不多的产品和服务商而言尤其如此。

　　将广告直接面向儿童，不仅可以提高效率，更能够节省时间。在我们经手的案子里，如果碰到客户的目标消费者是 4 岁以上的孩子，我们几乎都会推荐将他们的预算首先投入到孩子身上，如果还有宽裕，再考虑让妈妈也留下印象。

　　我们已经发现，制作一则受儿童欢迎的广告不仅能让妈妈更快、更主动地认识一个商品，而且它的广告费用可能仅是制作一则受妈妈欢迎的广告的三分之一！以下是我们的发现：

　　● 一则面向 25~54 岁女性的电视广告的每点费用大约是一则面向 2~11 岁儿童广告的每点费用的 3 倍。

　　● 25~54 岁的女性中只有约一半人是妈妈，也就是说有一半的钱被浪费了。

　　● 由此可见，这类广告事实上花了你的双倍钱！

　　● 我们与 ASI 调查共同进行的研究表明，有 33% 到 70% 的孩子会将他们所看到的广告内容告诉妈妈。

● 假定我们取一个折中值，认为 50% 的孩子将广告信息告诉了妈妈，那么我们就能够获得双倍的回报。

现在我们来算一笔账。

你认为哪一种信息对妈妈的影响力更大———一则被动的电视或印刷广告，还是最强势的"口碑"？想想它出自孩子口中的情况！还记得我们在第五章里提到的：当购买一件特定的商品时，有大约三分之一的妈妈会选择孩子要求的产品而放弃自己原先在广告中看到的产品。

当媒体对孩子的影响已经足够强大时，你就可以自然而然地将目标对准妈妈们了。具体的做法可以参照一项媒体的研究，根据它的数据显示，媒体投入达到 700 万美元时，就能营造一个能让孩子沉浸其中的影响环境。同时，一项广告投入若最少达到了 700 目标收视点（TRP），那么它就能使其影响人数达到峰值。一旦广告在孩子中传播开来，比较好的策略是继续在妈妈中展开补偿性宣传，当然前提是创造了受妈妈欢迎的宣传信息。（可参阅下一章的创意方案。）

《妈妈营销》的作者玛利亚·贝利曾这样说："但凡妈妈都想取悦自己的孩子。对广告信息的无视和回避，会让一名妈妈背负使孩子远离最'时髦'产品的风险。妈妈们十分恐惧自己会让孩子成为游乐场中的落单者、同学们敬而远之的小可怜。因此她们无论如何也冒不起这样的风险。"

此外，将妈妈的因素纳入媒体运作还有另一个原因。我们在第四章中已经提到，不是每一位妈妈都对孩子的说法表示许可或认同。这些妈妈在购买商品前需要有充分的理由，或消除自己的疑虑。我们列举了如下几个成功的案例：

卡夫马克罗尼意面。对儿童强调马克罗尼意面的香浓"奶酪"味。此外，以其他的方式告诉妈妈，孩子们是如何喜爱马克罗尼意面的，并且它还含有丰富的钙质（抚育和健康）。

麦当劳。麦当劳针对孩子的宣传手段多种多样，比如儿童乐园餐中层出不穷的赠品等。对于妈妈而言，麦当劳通过不同的渠道向妈妈传播：现在的麦乐鸡块是用纯正鸡脯肉制作的（健康）。

在 4i4l 营销中，我们推崇的"孩子优先"法则也有一个重要的例外，那就是当儿童使用某项产品或服务时，妈妈受益的情况大于孩子。举例而言，对于保健类或医药类产品，应当考虑妈妈的角色处于营销的首要地位。但即使是在这些产品的营销中也不要忘记用适当的方式告知妈妈们，你们的产品是她们的孩子更乐于接受的，比如设计受儿童欢迎的包装，或用别的宣传方式取悦她们的孩子。

鲜果果汁（Juicy-Juice）。一直致力于只向妈妈营销，因为这项产品最主要的价值，以及他们这样做的原因都是基于一个事实：鲜果果汁的产品是百分百纯正的果汁，无其他添加剂——而这是一个孩子们根本不会关心的话题！

许多时候，一些产品和服务的定位是"全家人使用"。而这些产品的确不仅只有妈妈或孩子使用，而是全家人共享的。那么我们的 4i4l 消费者在这里将扮演怎样的角色呢？

对于这些商品，它们关系到的不仅仅是单个成员的使用，因此营销者真正的目标应该是确定最快速、最高效地让这个商品进入使用者家中的方法。只要它被带回家，那么家庭的每个成员便有了使用它的机会。

因此，如果你的目标是让家中的妈妈把这个"全家人使用"的产品带回家，那么我们相信，之前说过的 4i4l 消费者准则准能派上用场。进一步来说，如果商品含有明确的儿童受益的特性，那么应该首先考虑效率和影响力，将孩子作为 4i4l 营销的主要目标，之后再考虑妈妈。有关孩子对家庭购物的影响，读者可以参阅第五章。

如何拦截

一旦你确定了 4i4l 消费者中的主要目标，你就能以此打造出最合适的媒体运作程序。

你可以尝试同时触及妈妈和孩子两部分受众，但是这要花去高昂的费用。

此外，多动一下脑筋，你可以思考一下是否有更合适、更具创意的方案能取得出其不意的效果。不过，在假定你已经选择妥当，并制作完成了你的广告方案，也确信它对于你的 4i4l 消费者两方面都是有效的，那么你能选择的最好的两条途径是：

电视。覆盖面最广的载体仍然是电视。但是如果要在较宽的层面上取得同时向妈妈和孩子高效传播的效果，你需要将广告置于昂贵而具有收效保证的黄金时段。这种方式通常比将广告拆成儿童受众为主和妈妈受众为主分别播出还要昂贵。

电台。一半的电台听众是驾车行驶的人们。而许多时候，你的听众很可能是同时坐在车里的妈妈和孩子。特别要提到迪士尼频道，它聪明地利用了妈妈想要取悦孩子的心理，因为当有孩子在车里时，妈妈们一般都会播放儿童电台。

当孩子是你要拦截的 4i4l 消费者中的主要目标时，你应该尽可能使用电视广告。今天儿童每天收看电视的习惯仍然占据主导地位，8~14 岁的孩子每天观看电视的时间超过 3 个小时，青少年每天收看电视的时间是 2.5 个小时。它还是一种多觉形式，充分利用了孩子的视觉、听觉和动态感受。而电视广告也易于购买，尤其是对于儿童和青少年而言。你可以将广告投放在一些关键的电视网如尼克电视台、卡通电视台、华纳兄弟电视台等，这样就可以覆盖约 84% 的目标受众了。

在情况适合的时候，使用一点多媒体手段是极为重要的。今天的孩子（和妈妈）通过 TiVo 等各种方式能够更好地驾驭各种媒体。他们同时处理多种媒体任务，而电视常常只作为背景媒介出现。

使用引人注目的网络元素是尤为关键的。记住，儿童网络用户每天使用互联网的时间是 75 分钟！你既可以选择鼓励孩子点击进入一个能够包含更多品牌信息的合作网站，也可以选择投放在线广告。使用网络营销的方式实在太多，从简单的横幅广告，到用户好友列表上方置顶的视频广告，再到赞助一个主页面比如儿童在线主页（KOL，是美国在线的一部分）。以下我们列出一些目前现成的广告方式。

横幅广告

传统式　网页静态显示的图片。点击广告将打开一个单一的 URL 链接。

拦截式　通过 / 不通过用户互动在页面移动的横幅广告。这种方式包括全动态的、有音响效果的视频广告。如果你使用类似点动公司[1]提供的技术，这种横幅广告就能让整个页面生动起来。

病毒式　设计搞笑的或吸引眼球的视频、游戏或动画，让用户根据其内容将其传递给其他用户。

美国在线 / 儿童在线（AOL/KOL）

主页赞助　以周为周期进行出售，赞助儿童在线的整个主页。

安插虚拟产品　在儿童在线网站的某一部分（如搜索引擎、导航等处）插入你的品牌名称。

美国在线即时通信软件（AIM）

好友视频　在 AIM 好友列表的顶部安插一个视频。

弹出横幅　一项置顶于好友列表上方的横幅，它具有可以飞出横幅到达桌面然后又回到横幅的特性，在飞出时它会留下一条消息。

外观　一个影响好友列表外观的"皮肤"。它还在侧边栏提供互动游戏选项。当一用户与另一名用户聊天时，他们从聊天窗口能看到其外观的全部，这或许成为病毒式广告的潜在位置。

多重世界　在"现实世界"发放能在网络世界使用的东西，譬如提供能在网站上使用的代码。类似的例子有百事公司提供的能在 iTunes 上使用的赠品。

登录页面　有时网络营销项目还会要求填写一个特殊的页面，这与通常的用户界面是分开的。这其中可能包含附加信息、激励回购或注册要求。这一种就是登录页面。

　　为了让你的互动计划实施起来更加顺畅，我们在此介绍一个网络营销金字塔模型，它是由奇迹组织的互动创意总监杰夫·琼斯研究设计的。

　　最后我们谈一谈杂志。虽然一天中我们只花少量时间阅读杂志，但是它仍然是一种较为经济的定位儿童市场的方法。同时，在多任务处理越来越成为时代主题的背景下，杂志阅读是对读者有投入要求的媒介。不像电视或电台容易被

1　译者注：PointRoll，美国富媒体广告领先供应商。

网络营销金字塔

目 标

我想让
青少年采取
何种行动?

大思维

执 行

拦截式广告
病毒式策略
即时通信视频
即时通信广告
多重世界
登录页面

成功矩阵

我如何衡量激活得到的结果?

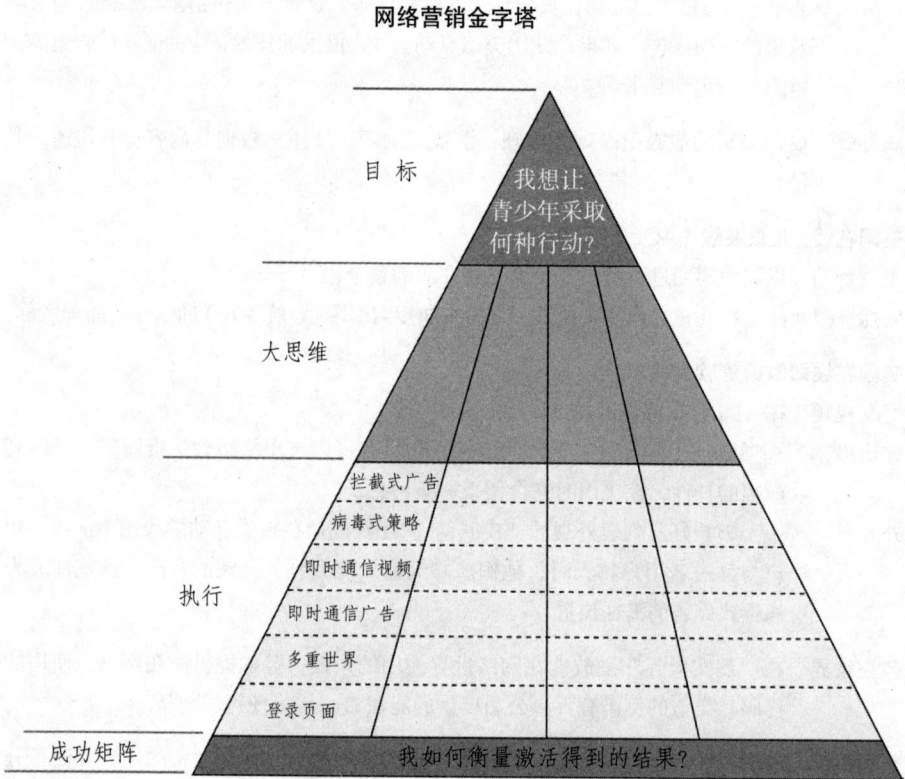

消费者忽略,杂志是让人全神贯注的。一些重点杂志如《尼克卡通》(*Nickelodeon*)《儿童体育画报》(*Sports Illustrated for Kids*),以及《迪士尼》杂志都能覆盖到46%的儿童。

青少年，另一码事

青少年是最难以有效接触到的群体之一。相对于儿童而言，他们更少看电视，同时还总是处于移动或忙碌状态。但这不意味着你就不需要通过电视广告进行青少年营销，尤其是不要错过像 MTV、华纳兄弟这样的电视台，或者是像《橘子郡男孩》这样受欢迎的电视剧。但要注意它们的费用。事实上，除电视以外的媒体营销在这里变得更加关键。这个群体收听电台的几率很大，因此无论如何要在你的媒体营销组合中加上这一点。面向青少年的纸媒也是很好的选择。有有几项研究证明青少年会在杂志中寻找广告，尤其是从他们阅读杂志是为了了解哪些"时兴"哪些"落伍"这点来看。

口口相传，或者又可以称为蜂鸣营销，对于这一年龄段的群体而言是一个不断突现的营销方式。运用这种策略的公司会雇佣口碑专家向青少年散播有关自己产品或服务的信息。至少有这样的一家公司——特里默（Tremor），声称他们发现部分青少年特别喜欢向身边的人传播消息，因此它的营销就以这部分青少年为目标客户，让这些"消息传播者"或"联络人"再将消息传播出去。这种营销策略对于那些受到青少年欢迎，或常常成为他们讨论话题的产品尤为有效，比如音乐或娱乐产品等。

目前公司用以拦截青少年的另一种创意方式是在各种娱乐产品中植入广告，这些娱乐产品包括了电影、电子游戏和歌词等等。举例而言，麦当劳计划在说唱歌手 50 Cent 的歌里植入广告。如果他在歌中提及麦当劳的名字，这首歌每被电视直播一次，麦当劳就为他支付一笔报酬。

而对妈妈而言，我们已经很明确地提到过她处于时间极度紧缺的状态，对于媒体的有效关注实在少得可怜。即便她也在看电视，但更多情况下电视只是她做其他事情的背景音。许多妈妈在调查中表示，她们真正有空看电视的时间是晚上 9 点以后，这时她们的孩子已经睡下了。和她的孩子们一样，她会多任务处理，因此重要的一点是，可以通过不同的媒体载体增加接触她的几率。

如果你有足够的资金，那么电视广告依然是主要的营销手段。但是，在一份经过充分定位的杂志上投放广告也可以做到这一点。有大约四分之一的妈妈们告诉我们，她们喜欢看杂志上的广告。另一个富有创意的，能有效地接触妈妈的方式是在星期天报纸的免费广告位（FSI）上登载广告。由于妈妈们总是在这一区域寻找优惠券，花费便宜又能让妈妈们注意的广告无疑非它莫属。我们曾与客户作过一项测试，我们注意到，妈妈在电视上看到受儿童欢迎的广告时会提高注意。但更有趣的是，当我们只是在免费广告区上刊登了几个广告时，妈妈看到以后会对它们很在意，就好像我们的广告是面向她的孩子的。

鉴于有 60% 的妈妈每天都收听电台，你不能忽略了电台广告，尤其是本地电台广告或是短的促销广告。电台每天、每周的收听覆盖率以及在本地的受欢迎程度都是它成为营销重要手段的原因。

最后一点，同时可能也是最重要的一点，网络营销必须是极为吸引眼球的。记住，网络正在成为今时今日时间紧缺，急于捕捉信息的妈妈们最实用的主要媒介。事实上，2002 年秋季的标记媒体（MediaMark）研究了一些年轻的成年人（X 一代和 Y 一代），发现网络广告每周能覆盖他们中约 72% 的用户——同有线电视的效果一样！

关于用网络广告拦截妈妈消费者，有以下几种选择可供考虑。

首先，目前运用较多的网络营销方式有横幅广告、电子邮件，以及在妈妈们会浏览的特定页面上的广告。而对于其他内容更丰富的网页而言，在其中投入营销也会取得不错的效果。但是，由于妈妈们上网主要是为了节省时间，你的广告必须有创意，并且与她们密切相关，这样才能与她们进行更好地互动。这类广告中的一个范例是辛辛那提动物园的广告。他们将广告置于本地城市网页上，妈妈们经常浏览这个网页来获取本地新闻。一项有关动物园的小测试，一个同时也在电视上播出的视频广告被置于主页的显要位置。最终的结果十分令人激动。横幅广告的点击率为 15%，小测试的点击率为 16%，而视频广告达到了 23% 的点击率（它基本就是一个广告）。

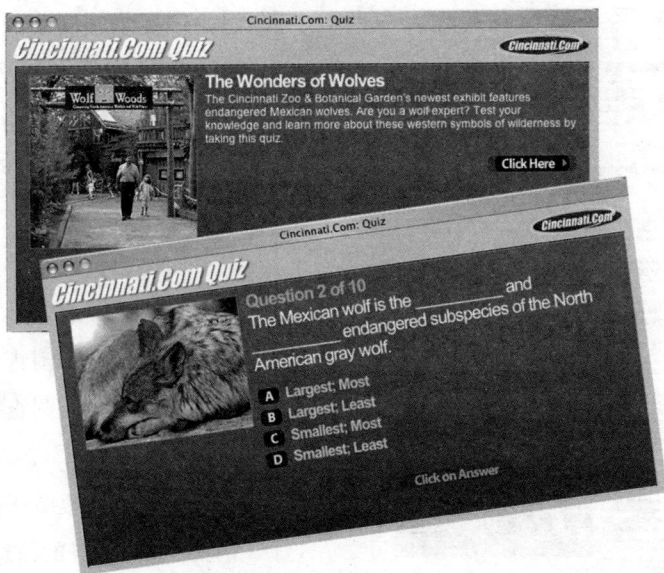

辛辛那提动植物园新引进了濒危物种墨西哥狼。你是狼类专家吗？测测你知道多少，一起来学习作为西方野生动物象征的狼类的更多知识。

第二题（共10题）。
墨西哥狼是 _____ 以及 _____ 濒危的北美灰狼的亚种。
A. 最大的；极度
B. 最大的；轻度
C. 最小的；极度
D. 最小的；轻度

其次，更加重要的一点是，建立专门的公司或品牌网站。专门网站能让营销者与消费者保持更持久的联系，同时还有利于消费者与公司或品牌建立更牢固的联系。请回忆一下，今天的妈妈有在实际购物前上网查询信息的习惯，因此她会搜索你的网页。专门的网站还能在这种时候为营销者提供直接向消费者进行推销的机会。

虽然以上所说的，包括建立专门网站都十分重要，但你还需记住，要花一定的努力和费用来吸引妈妈们访问这个网站，让她们保持关注，在线上与消费者建立更好的关系，并不时将这种投资与其他营销手段的回报进行比较。由于

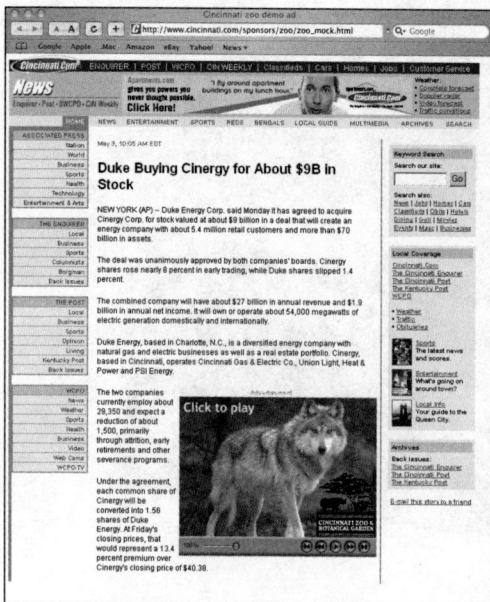

妈妈们更依赖网络的使用，它的投入还是能带来相当的收益的。将广告置于妈妈们经常浏览的网站，并吸引她们访问你的主页。另一方面，由于今天的妈妈们喜欢主动检索信息，掌握对环境的主导权，顺理成章地，除非有特殊的需要，电邮销售一般是不被看好的。西蒙斯调查称，在 X 一代妈妈们中只有 17% 的人表示她们喜欢通过接收电子邮件的方式了解产品或服务的信息。

银鹳调查在 2001 年 5 月对孕妇进行了一项有趣的研究，其结果表明，非电视媒介营销变得日趋重要。当这些准妈妈们被问及什么是她们眼中最有用的信息来源媒介时，有 90% 赞成网络，81% 赞成杂志，只有 17% 认为是电视。

一些建议：营销者的制胜策略

• 面向妈妈和孩子营销时，由于电视正逐渐成为家中的"背景"媒体，因此要采用更多的多媒体营销方式，或使用多媒体介质信息。

• 利用今天的多任务处理环境，使用媒体营销组合，即利用电视、电台或纸媒，将消费者吸引到网络活动中。

• 确保你的网站设计成能让妈妈们轻松发现，并能够查询产品或服务的相关信息。

• 记住，如果想要抓住那些埋头于多任务处理的妈妈的视线，你的电视广告应该更具创意和娱乐性。

● 妈妈上网的习惯——计划或研究旅行线路，获得健康咨询，寻找食谱和家装信息——为我们今天的营销者带来了许多值得挖掘的媒体题材。

第十一章 吸引法则——如何交流

我们成功拦截了 4i4l 消费者之后，要如何用优质、可靠而富有创意的方式吸引他们呢？什么是好创意的标准呢？好吧，我们不得不为这个问题莞尔一笑。因为创意本身是不具有任何标准的，否则它就不能被称为创意了，对吧？当然，除此之外，我们还是有许多套路和"提醒"是可以向你建议的，这就是我们本章的功课。

在上一章中我们提出，在大部分情况下，保证一个产品或服务最快速有效地受到 4i4l 消费者关注的方式就是直接和孩子沟通。通过这种方式，不仅能让妈妈注意到这个商品，也能更好地掌握孩子的购买倾向。

如何吸引孩子

即便你可能认为制作儿童广告是件相对简单的任务，但事实上我们却发现制作一个成功的广告比你预想的要困难得多。首先，根据尼尔森媒体调查的数据，每年儿童观看的电视广告多达 40，000 条，你要如何保证这些孩子看到并记住了你的那一条广告？

几乎所有的营销者和广告公司都认为他们很乐意做儿童广告，他们还觉得这是件轻松的工作。毕竟，同抚养孩子一个道理，向儿童营销也是让他们重返童年、享受快乐的机会。同时，不可否认的是，我们都是从孩子长大的，所以我们都知道孩子怎么想。对吗？真是大错特错！

营销者和广告商的确可以表现得像个孩子，但是他们绝不可能像孩子一样思考，具体可参阅第七章有关头脑发育和经历决定了我们思考和理解的部分。当你成长起来，你将无可避免地见识到一个孩子看不到的世界。除非受到过训练，了解了不同发育阶段的孩子如何处理信息，否则广告商们很有可能只会让孩子大惑不解，而不是与他们进行有效地沟通。

你的实际生活经历以及你的教育背景，决定了你会感到哪些事物是有趣的，哪些不是。你了解双关语、夸张、梦幻状态、时间跳跃、倒叙手法以及现实与虚幻的差别。正是这些知识让你理解不同的笑话！你可以去街上随便和一个孩子说这样一个笑话："有一只狼，它掉进了北极的海里，就变成了什么？——槟榔（冰狼）！"孩子十有八九会被逗乐，然后他会接着告诉你一个笑话。例如，"有一只猫，它掉进了北极的海里，就变成了什么？"你会不解地问他是什么。他会告诉你"冰猫！"你看，一个在大人眼中简单得连孩子都能懂的笑话，其实并没有真正被他们理解！嘿！如果你真的想搞笑的话，还是学一只猫咪或是一只小狗说话吧！

事实上，长久以来那些不理解营销者制作儿童广告的人都持这样一种观点，那就是他们认为小孩子分不清一则广告和一个电视节目的区别。大部分情况下，**他们的观点是对的**。我们多次观察了6岁或以下的孩子收看广告的情况，并之后的调查中发现，他们会认为那个广告是一个有趣的故事！这是一个严峻的问题。我们相信没有人愿意他们动用大量媒体宣传，花重金雇请广告公司制作的广告到头来只成为孩子的笑料。

这种时候，营销者需要采取更小心谨慎的措施，确保他们从事实上向4i4l消费者中的孩子推广了一件商品，而不是向孩子说了一个有趣的故事。

一些技巧：如何吸引 7 岁及以下儿童

提高辨认度。与低龄儿童沟通，它是至关重要的一环。针对小孩子的广告最首要的一个目的是帮助他们辨认出你的产品或服务。年龄小的孩子不理解什么是品牌、特色和赠品。他们连记都记不住。他们能够记住和认出来的是那些对他们很重要的东西，譬如人物形象、广告歌曲或者某些外包装特征。这就是为什么今天销量领先的麦片营销商在广告中突出卡通人物，还把它置于包装的显眼位置。嘎吱船长（Capt'n Crunch）是一个品牌产品还是一个人物？对孩子来说它两者都是。孩子指着的是凯洛格冻麦片还是老虎托尼？当然是托尼！传统思维模式下仅展示产品以及数次提及品牌名称的电视广告对这些孩子来说是不管用的。

有一个品牌的名字却让孩子出奇地难以理解和记忆，这个品牌我们提及过，它就是儿童美味餐（Kid Cuisine）。但是，这个品牌产品却是 8 岁及以下孩子之中最受欢迎的速冻晚餐。他们是如何做到的？他们将一只形态出众的企鹅起名为"美味餐小子"，并在广告和产品的蓝色包装上鲜明地标识出这只企鹅的形象。不仅年纪小的孩子在和妈妈一起逛超市买自己的晚餐时能快速地辨认出它，一位 3 岁女孩的妈妈甚至告诉我们，她的女儿让她去买那个"有一只鸟的蓝色盒子"！妈妈明白了孩子的要求，就会把它买回家。

你可以想象得到，要确保一个小孩子从

你的广告中认出你想要传递给他们的信息（比如你的品牌、包装或人物）是一件困难的事，而让这些孩子为他们的父母提供足够的信息来理解自己的要求则是难上加难。我们最近目睹了一个令人沮丧的情况，一个大约 3 岁的小女孩，从她坐的购物车上直指着儿童美味餐说道"奶酪意面，奶酪意面"。但是她的妈妈注意到了旁边一个标价更低的奶酪意面品牌，想要把这个产品放到购物车里。她的女儿继续叫着"不，奶酪意面，奶酪意面"，想要告诉妈妈她要的是儿童美味餐。妈妈却感到十分困惑，最后作出了决定，"我给你买了奶酪意面，我们走了。"而她的女儿也放弃了哭闹，继而板着脸随妈妈走了。可以确信这个小女孩也不会去吃妈妈买的奶酪意面了。

通过故事线索达成沟通。"讲的是什么故事？"在观看完一个预备给低龄儿童看的广告后这样问自己。这是一个好问题。我们已经在第七章中谈到，孩子们倾向于记忆故事，因此在广告中插入一个故事会增强它的优势。广告中的故事不仅会让孩子印象深刻，与其他由断断续续的场景或广告语组成的广告相比，这类广告还能让孩子更容易保持关注。一个好的故事有着简单的开始、发展和结尾。

但是，一定要让故事与产品密切相关。否则，你将再次发现你所做的努力无非是为孩子们提供了一个很棒的笑话。如果孩子能记住这则广告，要让他（她）连带产品一起记住。这里我们也以儿童美味餐作为例子。

注意这则广告中使用的简单的故事线索。孩子会很轻松地记住这个故事："兄妹二人与妈妈一起运动后回到家中。妈妈知道他们想吃什么晚餐。这时美味餐企鹅小子从冰箱里跳了出来，给他们送上了儿童美味餐明星鸡块餐。然后他们都坐下来开心地享用这份晚餐。"开头、发展、结尾都具备，并且也与产品密切相关。

注重重复。多项数据显示，年纪小的孩子通常会在第二遍观看广告时更加集中注意力。事实上，许多商业测试都会让孩子至少观看两遍广告再进行提问。郎本河·鲁斯特博士在 SRI 儿童营销会议的一次发言中提到了这个例子：

> 一个年纪较小的孩子第一次看大笨狼怀尔[1]发射它的弹弓时基本是心不在焉的，她注意力分散的原因是由于她完全不知道接下来会发生什么。但是当卡通片第二次播放时，她的反应就彻底不一样了。这个孩子坐在座椅的边缘，她知道下一步要发生什么了，心情特别激动。

和成年人不同，他们在看过一遍广告之后会自动屏蔽第二遍播放，小孩子们却很喜欢这种方式。

在你想要让孩子们通过观看有关产品的故事来记住这个产品时，要确保孩子们记住了这个故事。

要真实具体。之前提到过，年纪较小的孩子思考得更加具体，我们不能期望他们能够理性思考，或从一件事推导出另一件事。除非他们对于你那种特定的产品的味道十分熟悉，比如披萨或水果干（孩子们会认为这些都是美味的），否则不要指望一个小孩子能够理解你的那种食品是美味可口的。你必须告诉他们，或通过展示告诉他们这个食品是好吃的。

但是，还是要谨慎为上。年纪小的孩子们看待事情十分具体，他们认为看

1　译者注：Wile E. Coyote《华纳群星总动员》里的卡通人物。

儿童美味餐

康尼格拉　明星鸡块餐 / 机器人标签　30秒　2005 年 3 月

妈妈和孩子们走进家门。
妈妈：你们一定饿极了吧！
女孩：我知道我想要什么。

音乐 / 灯光吸引孩子们来到厨房。
声音出：欢——迎——回来……

品牌标志在冰箱上出现。
……最快乐的世界冠军……

儿童美味餐企鹅小子从冰箱冲出来。
……美味餐小子！！

篮球跳进包装上。
美味餐企鹅小子声音：由纯正鸡
脯肉制作的明星鸡块儿童美味
餐……

男孩吃了一口鸡块。
男孩：无法超越的美味！

马克罗尼意面特写。
美味餐企鹅小子声音：……以及
马克罗尼意面延续下去吧！

女孩享用马克罗尼意面。
儿童美味餐企鹅小子声音：
……它就在那儿！

男孩在布朗尼上涂上糖霜。
按你的口味给布朗尼涂上糖霜。

妈妈走进厨房。
妈妈：孩子们，谁来为你们的晚
餐买单？

儿童美味餐企鹅小子指了指它的
账单。
儿童美味餐企鹅：嗯，你可以记
在我的账上。

机器人洛尼[1] 举起盒子，盒子上有
机器人标识。
儿童美味餐企鹅小子：来看看我新
推出的"机器人电影餐"，由儿童
美味餐带给你！

1　译者注：电影《机器人历险记》里的角色。

到的东西就应该是期待能得到的东西。同时，他们的观察力十分惊人！他们可以一次只盯着一个东西看，因此如果你想要向他们展示某一种口味或颜色的食品，它们最好是你的观众最能接受的那一类。如果你的广告只展示了一种颜色的糖果，打个比方说绿色，不要期待一个孩子看过广告以后会想象它还有别的颜色或口味，即便你确实能提供不同种类的糖果。而如果她最爱的口味是草莓味的话……你就输惨了！确保你的观众看到，了解到他们所需的信息。不要抱着侥幸，抽象地提一句"含有多种风味"。（拜托，"多种"风味是什么意思？）

　　向他们讲解并展示明确的做法！要想对孩子步步做到真实具体，其中很重要的一点是确保你的广告清楚地告诉了孩子：你想让他们做什么，以及这样做的方法。孩子们天生具有对学习的渴望，他们会用你的广告进行自我教育。见过年纪小的孩子是如何观看广告的吗？他们目不转睛地盯着广告，对它们信以为真。如果一则广告清楚地告诉他们要做什么，他们会真的接受！有一个我个人很喜欢的例子：我们将一则快速播放的，配以广告歌的游戏广告放给一个5岁的小女孩看。随着广告快速地展示孩子们是如何玩这款游戏，并喜欢这款游戏，她边看着，然后仅通过视觉接触就几乎完全弄懂了广告的意思（她甚至发现了广告中没有大人这一个细节）。

　　多项研究显示，学龄前儿童对于那些边做边讲（show-and-tell）的广告会给予高度的关注。这对于他们认名字的学习是很有帮助的。对于孩子来说，认名字是成长过程中一项重要的任务。他们急于学习各种东西的名字，他们想知道每个物品都叫什么，父母们也热衷于帮助他们学习。这种学习过程在妈妈陪同孩子逛商店时得到进一步强化。商店里摆放着各种各样他们在电视上见过的物品，父母们带着孩子浏览各个货架，孩子们就会花时间辨认身边的物品。

　　孩子们想知道你想让他们做什么！如果你想要一个孩子使用某个东西，那就向他展示其他的孩子都很喜欢使用它。如果你想要一个孩子向妈妈要求得到一个东西，那么就展示这个过程，或者用更具创意的方式来暗示他们。这会让事情变得简单。只有当孩子们从广告中得到了足够多的经历，以及他们对自身影响力有了足够多的了解以后，他们才会懂得如何直接要求得到一个从广告里看到过的东西。

一些技巧：如何吸引 8~12 岁的少年

我们在第七章已经谈到，相对儿童而言，少年们已经具备更高阶段的信息处理能力。他们的经验更加丰富，知识水平得到增长，因此，也能理解更多笑话、文字游戏、时间顺序的倒置等等。**但谈到彻底了解一则广告的精妙之处，他们的能力还稍显不足。**他们抽象思维的能力才刚刚萌芽。请注意，他们不是成年人！

在最近的一次家庭聚会上，艾比，一位很聪明的 11 岁女孩想向我展示她近来很喜欢的一个网站。她说网站的名字叫"米尔斯伯里"，她是从学校的一个女生朋友那里听说这个网站的。我问她网站上是否有任何广告或信息，她耸了耸肩说没有。我们接着去了她的房间，她快速地登入了这个网站。

这个"米尔斯伯里"其实是通用磨坊公司的网站。它是一个有趣的虚拟世界，孩子们能成为城市里的一个角色，能进行游戏，赚取游戏币，为他们的角色交易货物或服务，使他们的角色生长存活。她说："你看，我可以买牛奶、酸奶、凤梨、优冻酸奶（GO-GURT）、崔克斯谷物多（Trix）。在这里我可以玩游戏，我可以当一只乌龟，或者一只青蛙，或者一个女孩，或者崔克斯兔子，或者幸运小矮妖（Lucky the Leprechaun）……"她把通用磨坊公司的广告人物和其他人物看成同一类角色。她无疑对它们都很熟悉（这对通用磨坊公司而言肯定有一些好处），但是她完全不知道能对它们做什么。当我问她是否愿意买这些真正的物品，她皱了皱她的鼻子，说道："不愿意。"

因此我们的建议是：

对于少年儿童而言，多采取适用于年纪小的孩子的营销策略。由于少年儿童的智力水平更胜于儿童，但还没有完全掌握信息处理的能力，因此采取我们之前提及的适用于低龄孩子的策略并不是坏事。此外：

注意你的年龄定位！少年儿童与学龄前孩子的区别在于，前者不愿意大人们将他们视为"婴儿"或小孩子。因此在你的广告中，无论从选角、行为以及故事(如果有的话)，还是从音乐、情景的选择上都要适合 12 岁孩子的品位。记住，孩子们不喜欢在别人眼中自己看起来还没有实际年龄那么大，要尽可能让演员们看起来稍微老成一些，而不能显得幼稚。

朋友的参与。少年人群的另一个重要特点是，他们有同伴压力。少年们想要确信他们的朋友不会排斥他们。因此，只要可能，面向少年的广告就应该展示或暗示同伴的赞赏和欢迎。不难发现，有许多同类广告都是好几个"朋友"一起出现的。

提供互动的机会。根据国家媒体和家庭研究中心教育心理学家大卫·沃尔什的文章，老师和教育心理学家注意到，与以往相比，现在有更多的孩子不能持续安静地坐在一处。并且，"在过去10年中，要让孩子保持持久的注意力变得越来越难了"。被动的娱乐方式，诸如让孩子们静静地坐着看电视或看书，已经很难再让他们注意到你传达的信息了。让他们点击网页，做一些别的活动，或是给他们提供多重感官刺激如色彩、图像、声音等会成为更重要的沟通方式。2003年扬克洛维奇调查发现，三分之一的9~17岁青少年表示他们曾上网为自己最喜欢的东西投票，有五分之一的青少年表示曾上网参加竞赛或赌赛。现在这些数据已经成比例增加。想想《美国偶像》吧！

使你的信息相对简单。广告的高额费用有时会让营销者将一个简单的广告赋予过多的内容，结果则是信息超载了。他们特别喜欢使用的手法之一是加入"标签"——一个位于电视或电台广告末尾单独的，几秒钟的"想法"。一般来说，它们是附加在之前播放过的广告之上的，因此问题就严重了。根据益普索广告与品牌研究（Ipsos–ASI）的调查，广告在儿童中很受欢迎，他们的目标收视率平稳地保持在750TRP左右。因此先前的广告主体部分的25秒已经达到了吸引孩子注意力的目的，之后加入标签的做法则造成了重复。即便孩子此后又多次收看整个广告，它对孩子的效果也不会发生改变。

如果我们真的想要通过标签添加一条新的想法，那么整个广告应该是较有新意的，同时这条新想法应该与广告的其他部分密切相关。否则，你很可能会让孩子产生不解。而他们一旦觉得迷惑不解，那么你就不知道还有几成把握能让他们记住这条广告了。

我们的一次宝贵的经验教训源于多年前的一个项目。我们当时在为孩之宝超级酒鬼 MDS 水枪（Super Soaker MDS）——一个能从不同方向喷射水花的水枪（MDS 即多方位喷射）——制作一个新广告。在广告的末尾，我们的客户想让我们添加一个超级酒鬼弓箭玩具的标签。虽然广告的整整 25 秒都在展示神奇的超级酒鬼 MDS 水枪，但最后的 5 秒钟却让他们注意到了超级酒鬼弓箭玩具。猜猜孩子们都认为整个广告说的是什么？呃……弓箭玩具！

如果你想插入许多新信息，那么这些信息需要以一种连贯的形式整合到整条广告中。一个极其成功的广告案例是，我们将新的促销信息融入到已有的儿童餐故事线索中。我们向孩子们展示了美味的儿童餐、有趣的竞赛促销方式，以及怎样参加比赛获得奖品的方法（这是在最后几秒才涉及的）。哎哟！悬了！但是，由于它们被巧妙地整合到一起，又是以简单的开始到结束的方式展示的，它取得了不错的效果！

最后一点，千万不要进行暗示。这一点我们说得太多了，任何年龄段的孩子，包括青少年都需要清楚具体地明白你想要展示给他们的是什么。近来，我们向一些十几岁的女孩测试了一家知名零售商制作的广告，广告展示了只在该品牌零售商门店出售的新款饰品。经过测试后这些女生表示，这个广告的确吸引了她们的注意，看起来也很有趣，但是她们不知道这条广告向她们传达的是什么样的信息。同时，当我们问及哪家商店能找到这些商品，她们的回答都错了——而这家零售商的商标可是清楚出现在广告中的！

不过，这并不意味着每种情况你都要面面俱到，事事顾及。记住，经验是最好的老师。因此，如果一个青少年已经从经验中获得了对某种商品的认识和了解，他们就可以推断出其他的情况了。他们可能知道一种新上市的披萨口味的零食会很美味，因为他们已经知道了披萨的味道，而且还很爱吃。他们明白如何处理不同的服饰、物品等等，因此你不用凡事都解释。但是，如若要保证你的观众确实从那些并不具体直接的信息中获悉了相关产品或服务的情况，你就要先作测试。

同时，在这个年龄阶段，孩子们已经有了足够的广告基础。他们知道他们观看的是广告，他们会吸收广告的信息，同时会决定怎样处理这个广告（例如：向父母要求广告中的商品、购买商品，或直接忽略它）。

我们是否能不分年龄大小，向所有的孩子进行营销呢？

在大多数实际情况下，你的产品或服务一旦吸引了一对 4i4l 消费者，且孩子的年龄在 6~12 岁，那么你向其他年龄段的孩子进行额外的沟通就是可能的。

在这种情况下，最好考虑这个产品的核心目标客户是一名少年，因为他对产品的广告有额外的要求——那就是杜绝"幼稚"。此外，一方面青少年不想被人认为是"小孩子"，年龄更小的孩子却想被认为是大孩子，并且愿意用大孩子的东西，因此你的广告也不能将低龄孩子排除在外。

但是，即使考虑到营销的主要对象是少年，你仍然可以让你的整个广告是直白的、清楚的，以便年纪小的孩子能够理解。类似史瑞克这样制作精良的电影是可以借鉴的。年纪稍大的孩子会欣赏其中幽默的对白，而年纪小的孩子则会理解视觉上闹剧式的幽默。许多果干零食、糖果和玩具广告都是面向广大儿童和青少年观众的好例子。

儿童营销十诫：

在大篇幅讨论过儿童广告之后，我们总结了一份有关高效儿童营销的十条诫律：

1. 注意目标观众的年龄段处于哪一个认知发展阶段。我们在之前的章节中已经谈到过，不同年龄段的孩子处理信息的能力和思维的方式都不相同。年纪较小的孩子处在一个相对简单的行为阶段。要取得预期的广告效果，首先必须让你的目标年龄段客户理解广告的内容。

2. 及早抓住观众的注意力，并让他们保持关注到最后。许多孩子，尤其是年纪小的孩子一旦将注意力分散，就无法迅速重新集中他们的注意力。因此，如果你的广告让他们产生了困惑或无聊的感觉，他们就会"抛弃"它，他们的注意力就拽也拽不回来了。

3. 让你的品牌与故事密切相关。孩子——特别是小孩子，很容易记住用故事形式讲述的事情，包括广告。在你的广告中，如果将品牌与故事紧密联系在一起，会增加孩子们收看各式各样的广告时，记住你的广告的几率。

4. 制造令人深刻的品牌效应。强化品牌回忆的过程可以使用促进记忆的广告音乐或广告人物（如儿童美味餐企鹅，以及凯洛格食品的老虎托尼），这些都能帮助孩子记住品牌。

5. 要清楚具体，实事求是。许多家长都知道，孩子的理解是非常直观的。他们看到什么，就觉得他们会得到相同的东西。因此，不要让你的广告语或其他信息显得过于模糊、抽象。孩子们要么会误解你的意图，要么甚至不能理解你所传递的信息。例如，如果你的产品有不同的风味，那么应该将它们一个不漏地告诉孩子们。

6. 注意排除干扰物。孩子们会关注那些最不可思议的事情，有的时候他们关注的是错误的、次要的东西。年纪小的孩子不能很好地集中注意力，因此他们只会将注意力集中在你的广告或产品中突出吸引他们的那一部分。它可能是广告中的一只小猫咪，也可能是一个可爱的婴儿。总之，他们会注意到除你的产品或信息以外的事物。

7. 幽默感、音乐感和期待感会提升孩子的参与度。孩子们最爱欢乐有趣的事物，没有比有趣的笑话、悦耳的音乐和额外的惊喜更能让他们感到开心的了。这三者的任意组合都能吊足孩子的胃口。但是要确保孩子们能听懂这个笑话。否则，他们会反过来觉得你很笨。

8. 不要出现不和谐的场面。这是一个次级话题。目前我们已经讨论了很多"该做的"事情，但我们还觉得有必要谈一谈"不该做的"事情。注意你的广告中不要出现孩子指责其他孩子或动物的场面。孩子指责大人是可以的，卡通角色互相指责对方也许是可以的。但我们对许多广告进行的研究表明，一般而言，最好展示孩子们阳光灿烂的一面。

9. 男孩总归是男孩，女孩则较为变通——但你最好让男孩女孩都出现。无论广告中出现的是男孩还是女孩，女孩们都会选择观看，但是男孩们不会特别关注那些只有女孩出镜的广告。但也有例外——比如广告中的女孩是一名运动员。但即使大致情况如此，女孩们对有女孩出镜的广告会给予更多的关注。

10. 投入使用前进行测试。在花重金投入媒体运行之前，首先要确定你的观众会喜欢这个广告。受儿童喜爱程度仍然是衡量一则儿童商业广告是否成功的最重要的指标。

网罗儿童

鉴于互动媒体对儿童的重要性日渐凸显，你应该从网络和传统媒体两方面入手吸引 4i4l 消费者中的孩子。

一个好的网站应该具备所有的儿童动机：追求乐趣、找到归属、获得权力、享受自由。儿童世界（Kidzworld）就是一个好的范例。

● 邀请用户为网站的漫画评定星级，孩子们获得了权力感。网站的做法暗示着孩子们作出的评价将影响网站的未来发展。而通过评分增加"赢得"奖项的几率也赋予了孩子一定的权力。

● 加入博客撰写或与用户实时聊天提供了归属感。

● 免费在线游戏是乐趣的源泉。

● 孩子们也能获得自由感。网站没有任何访问受限的部分。

此外还要记住，心理学家认为，由于网络和电子游戏在儿童中的频繁使用，产生了视觉爆炸的效果，而孩子们的思维也有可能因此经历了一定的改变。我们可以基于这一点，在认识这个现象的基础上模拟这些元素，试探这些孩子是否真的对高速画面、快节奏音乐和色彩鲜艳的游戏

场景十分感兴趣。如果是的话，你的网络营销就应该参照这些特点将孩子们吸引过来。

我们来看看另外一个组织是如何运用不同的方法成功做到这一点的。

一个充分考虑了如今孩子处理信息的特点的变化，并对其加以利用的网站典型就是 sparktop.org。

这个由施瓦布基金会建设的网站致力于帮助那些有学习障碍的孩子，比如

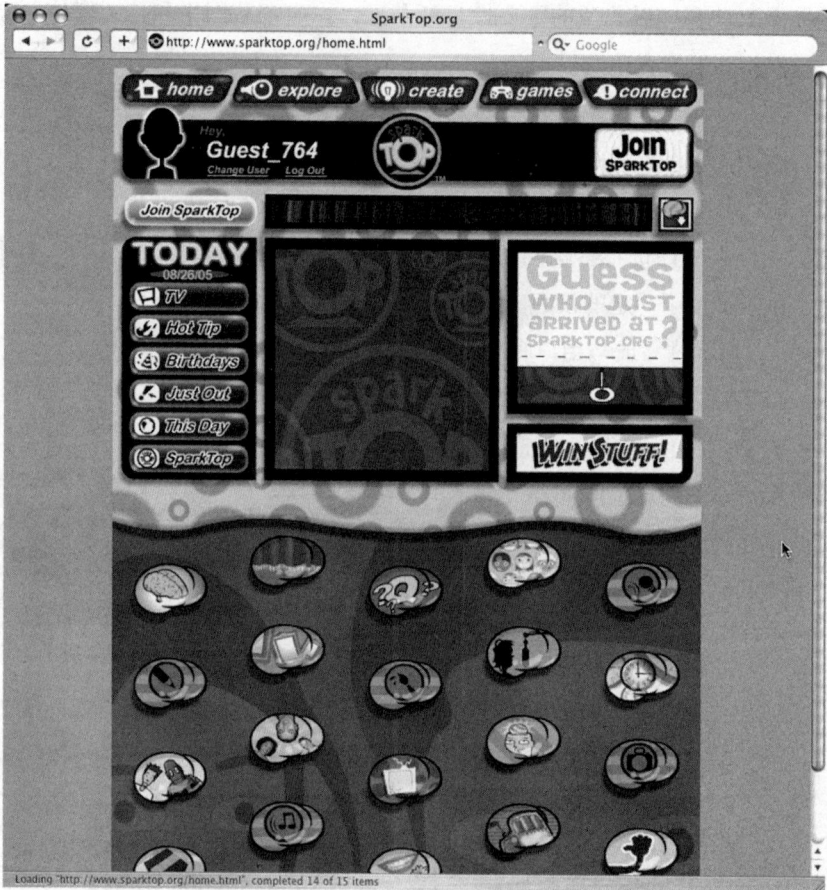

有阅读障碍或多动症的孩子。它提供了丰富实用的资源，以帮助父母和孩子一起解决他们面临的挑战。

在最上方导航部分的主要分类清楚地表明了网站建设者对于如何激励孩子的理解。

1. **探索** 让孩子感受到自由。

2. **创造** 让孩子拥有自我表达的权力。

3. **游戏** 让孩子们沉浸在欢乐的世界中。

4. **联络** 让孩子体验与同伴交流所带来的被认可感以及归属感。

眼光高的孩子

另外一个需要认识到的事实是，今天的孩子对于广告的要求更高了。他们与以前的孩子相比较起来，更像是个精明的消费者。他们拥有比以往更多的媒体选择，并且由于 TiVo 和其他辅助工具的存在，他们会对自己所处的广告环境进行有选择地摄入。事实上，罗珀调查表示，有大约三分之二的 8~17 岁的孩子表示如果他们能做到的话，很有可能会跳过广告部分不看。

因此，在面向这部分观众进行营销时，娱乐价值的重要性盖过了一切。同时，至少在目前阶段，广告商们在这一点上做得还不够。根据 2004 年的罗珀青年调查，只有 60% 的孩子认为观看广告时会经常感到有趣、开心——比两年前的数据下滑了 13 个百分点。

如何吸引妈妈

记住，今天的妈妈们一天的时间中有 15~16 个小时都在不停地忙碌。她们

Less time alone in the kitchen.

More time together at the table.

Turn dinnertime into quality time with new tools, tips and recipes from Lipton® and The Pampered Chef®.

Lipton Recipe Secrets is teaming up with The Pampered Chef to make cooking easier and more fun. Go to recipesecrets.com to find a delicious variety of quick and easy meal ideas, like Fast Family Fajitas above. And discover even more simple recipes, plus versatile kitchen tools and serving pieces like those pictured, at a Pampered Chef Kitchen Show®. Call 1-800-266-5562 or visit pamperedchef.com to learn more.

少些时间在厨房独自忙碌。
多些时间在餐桌共享佳肴。
用新的方式让晚餐时间成为一天的黄金时光。配方及技术源于立顿及欢乐厨妇。

晚睡早起。她们很少有时间舒服地泡一个澡或是悠闲地打个小盹儿。现在的情况是，年轻妈妈是精明的购物者，有良好的教育背景，她们不会轻易成为广告的忠实观众。根据韦格特的文章，有 30% 的年轻妈妈表示她们不喜欢广告，有 24% 的妈妈认为收看广告基本上就是浪费时间。37% 的妈妈对媒体操纵意识很强的妈妈表示，她们会在播放广告的时候换频道。

现在，要先于她思考，用你的信息来吸引她。你以为让她用自己所剩不多的珍贵时间来收看你的广告是件容易的事？

诀窍是：相关度和简单化！

根据媒体研究中心的数据，有太多的年轻妈妈们认为广告商没有照顾她们的需求。有超过半数的妈妈们表示，她们经常看到广告在向自己传递错误信息。有 30% 的妈妈表示她们看到过让她们很恼火的广告。只有不到四分之一的人认为电视或纸媒上的广告是与她们相关的。

那么，什么才是相关度？

帮助她成为一个好妈妈。我们在全书中不断提及，如今的妈妈认为生活中最重要的事就是成为一个好妈妈。因此，有理由相信，最有效的办法之一就是将类似的信息呈现在产品的包装上，这样能够快速而清晰地向妈妈们彰显你的产品或服务会帮助她达成这一使命。在适当的时候，你还应该了解她是哪一种类型的妈妈，是严厉型还是宽容型。提供能让她喂养孩子、抚育孩子变得更简单的办法，同时也是一个能平衡她的生活，为她的孩子提供最好的选择，帮助她指导孩子学习，保持家人健康的方法。你可以从各种各样的媒体上看到，面向妈妈的广告都在讲述如何提高孩子的生活质量，如何让孩子先人一步，或者是如何丰富孩子的阅历等等。使用这种策略取得成功的公司或产品有西尔万（Sylvan）、小小爱因斯坦（Baby Einstein）以及跳跳蛙（Leap Frog），后者已经成为全美第三大玩具企业。

尊重她的需求。了解并尊重她的需求。她需要时间，因此要让广告也更简短、精炼些。为了让她更轻松快捷地与你做成生意，你可以在广告中留下公司的联络信息和网站网址。同时，告诉妈妈你的这件产品或服务能够为她节约时间或金钱，能让她的生活变得更简单，能使她成为一名更优秀的妈妈。奇迹组织为立顿秘密配方制作的广告就较好地体现了这一点。

诉诸于她人生阶段的特点。妈妈的生命中会发生一些对于她和她的孩子而言意义重大的事情。这可以是她第一次发现自己怀孕的时候，可以是她的孩子蹒跚学步的时候，可以是孩子第一次上学的时候，可以是孩子第一次自己学会吃饭的时候——只要是作为妈妈的重要时刻都会让她印象深刻。有许多产品并不是只在妈妈某一个特殊的阶段才能使用，但是这并不意味着这种诉诸于某一生命时期的创意方式不能为广告信息的传递带来眼前一亮的效果。

不要区分全职妈妈和上班族妈妈。许多妈妈会待在家里照看孩子，但同时也在家工作。许多妈妈有兼职工作，并且那些在家工作的妈妈和那些在外工作的妈妈一样努力。

让孩子出现。如果说做一个好妈妈是当今妈妈们最重要的人生目标，那么

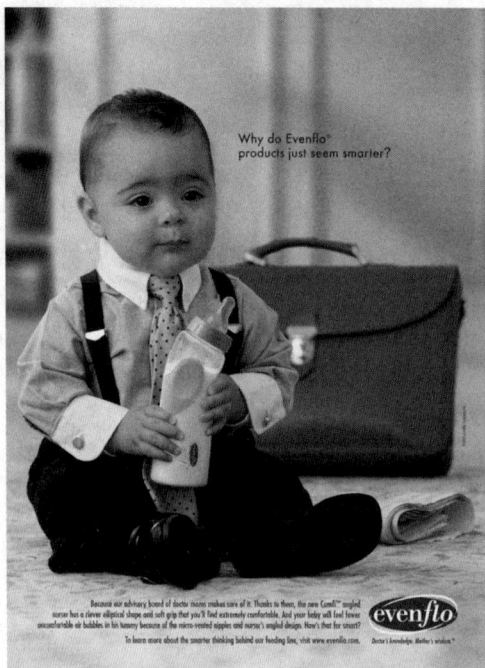

为什么婴芙乐产品看起来更聪明？

什么是吸引她们的最好方式呢？是孩子！面对现实吧，好的东西永远都不会太多。在适当的时候让孩子出现在你的广告中。如果孩子的年龄与她的孩子年龄差不多，那么妈妈们马上就能知道这是与她相关的广告。根据媒体研究中心的调查，有四分之三的妈妈表示如果面向她们的广告中有孩子出现，那么她能更高效地获取其中的信息。

但这并非意味着让孩子或妈妈出现在广告里是唯一能吸引妈妈注意的方式，否则我们的广告公司就不需要一种叫做"创意"的东西了。事实上，由于儿童形象能够吸引妈妈的关注，已经有许多广告使用儿童形象以提升吸引力。只要看看《父母世界》或《美国宝贝》你就明白了。其中的许多广告都是由可爱的儿童代言的。但是许多情况下，任何一个品牌都能使用这一招。因此当你使用儿童形象时，要有创意地使用，并且能让他们代表你的品牌或传递你的信息。

我们以婴芙乐（Evenflo）的广告作为例子，因为它别出心裁地使用了儿童形象向妈妈们传递了这样一则信息，那就是"婴芙乐产品看起来更聪明"。

娱乐性。要对她珍贵的时间保持敏感，因此明智的做法是恰当而适度地增加娱乐性。如果她在你这儿花了时间，那么你能为她提供什么？妈妈们告诉我们，如有可能，她们会更喜欢幽默而吸引人的故事情节。因此，你可以考虑使用大众传媒方式如电视来增加品牌的感性吸引力，同时也要让网络营销或其他媒介，譬如妈妈们常用来收集信息的报刊杂志中的营销变得活泼有趣。

当妈妈使用互联网时，娱乐性是尤其重要的一点。记住，她使用网络就是为了省时，同时她对于在其中所看到、读到的东西都有绝对的控制权。因为这一点，她一般不会注意网络广告。媒体研究中心发现，只有 6% 的妈妈表示她们会留意网络广告，而有 74% 的妈妈表示会留意电视广告，有 62% 表示会留意杂志广告。但这不意味着营销者应该忽视网络作为重要广告媒体的作用。反之，这表明营销者如果想要用网络广告吸引妈妈们，就应该在对这种媒介的使用中加入特别的创意。

视觉效应。由于妈妈们是看着音乐电视中的图像长大的，我们已经了解到广告必须具有高度视觉效应，并且要迅速而简单地切入主题。如果她想获取更多信息，那么就提供相关的获取方式。这里可以使用快捷而简单的网络信息，如果是杂志广告，可以在旁边附上一条边栏。

电子邮件。妈妈们使用电子邮件的频率很高。但是，想要吸引她的注意力，电邮信息必须简洁而直入主题。鲁希德营销和电子邮件实验室在 2005 年所做的调研中发现，妈妈们极有可能会根据发件人的信息来选择是否查看邮件。在邮件主题中标注了价格折扣或其他减价信息的邮件会更具吸引力。但是，一旦她们决定打开邮件，它最好能提供能轻松获取的详细信息。价格和产品照片是决定他们是否会点击进入网站的关键。总体而言，鲁希德提出了一个可靠的电邮销售建议："自豪地告诉她你是谁，提供有竞争力的，与她相关的产品报价。最重要的是，体现出对她宝贵时间的尊重。"

网站。由于妈妈们经常上网搜索信息，网站能成为你总体营销传播中极为重要的部分。但它们必须具备简单易行，能为妈妈提供相关资讯的功能。其中的内容不应仅仅是与产品相关的信息，还可以是相关的实用建议和小窍门。这样一来，公司与妈妈之间，乃至不同妈妈之间的联系都建立起来了。并且，最重要的是，这个网站应该是妈妈钟爱的、界面友好的。例如好奇（Huggies）网站就是这样一个稳妥的、妈妈友好的界面。

谈到做一个好妈妈，今天的妈妈们会主动地向其他人咨询建议，尤其是涉及应该给她们的孩子买哪些产品的时候。初为人母的妈妈在为孩子们选购日常用品时，会首先请教其他富有经验的妈妈们。同时，她也会在网络上寻找类似信息。

因此当我们在网络上向妈妈营销时，你的信息以及广告应该试图激发她们产生向其他妈妈们散播消息的想法。在你的网站添加一个"将本页链接发给一名好友"的工具，好让妈妈们能更轻松地与朋友分享她们看到的好东西。在页面中加入一些能让分享率增加的东西，譬如一则故事、一个卡通画、一个笑话或一幅图片。另外，确保你的品牌名称或赞助信息能够清晰可见。

第十二章 激励消费者

据我们这些年来的观察，4i4l消费者的期望和需求总是不断发生着变化。也许这是由于在他们短暂的人生经历中发生了如此多的重大改变。也许这是因为我们过度滥用了英特网、移动电话和电脑为我们提供的一切。也许这是因为一些零售商比如沃尔玛，对供应商施加压力，要求提供更多更独特的新产品。不管理由是什么，如果产品不够新颖——那么就会嘘声一片！

如果儿童作为4i4l消费者一方会对你的产品施加较大的影响力，那么我们要说恭喜了。孩子们总是在寻找新鲜的玩意，如果你推出了一个新产品，它就能很快吸引孩子的注意。但是坏消息也接踵而来。孩子们每时每刻都在寻找着新鲜刺激。如果你不能持续地为他们提供一些新鲜的玩意，那么就再见吧。我们的创意总监最近告诉我们，他9岁的小女儿向她的妈妈推荐了一款新口味的酸奶。在妈妈买来奶以后，女儿很快就将它们喝完了。于是妈妈又买回了新的酸奶，也很快被喝完。如此反复了几次。不过在大约一个月以后，我们的创意总监在冰箱里发现了整整一堆蒙着白霜的酸奶。为什么？因为酸奶又出了别的新口味，而他的女儿显然已经换口味了！

ASI广告调查证实了"儿童营销中需要新鲜事物"的这一说法。ASI的报告称，一则广告比其他广告更受孩子欢迎的大部分原因是，它们向孩子传授了一些新鲜事物。

我们提醒许多客户在考查新一年的营销计划时用这个问题开头"有什么新

东西？"如果答案是否定的，那么预期结果可能是，孩子们会对你的品牌失去兴趣。相信我们，照这样的营销方式，孩子们会自己给自己找新鲜，因而渐渐地对你的产品丧失了兴趣。

什么是新事物？

新事物可以是之前不曾出现的任何一样东西。它可以是新口味、新包装型号或新的促销手段（尤其是与新包装组合使用时效果更佳），甚至是一个全新的产品。但需要记住的是，今天的妈妈仍然需要简单的事物，因此如果提供的新事物只让她产生困惑，譬如一个毫无意义的换包装的行为，则会让她感到恼火！

产品新特征

制造现有产品的新特征与开发一个全新的产品之间有着巨大的差别。虽然一个全新的产品可能会带来更多价值，并且能让大多数公司因此得到进一步发展，但制造简单的产品新特征会让你现有的品牌保持一种良性循环，并持久地对 4i4l 消费者产生吸引力。此外，它的制造过程更快，同时执行起来更经济。这样做的优秀案例有很多：

• **嘎吱船长**（Capt'n Crunch）。不管是"新推出蓝莓口味"还是"脆草莓味"、"爱儿软糖味"，这个销量持续领先的食品总能带来变幻多端的新鲜感。

• **优冻酸奶**（Go-GURT）。优冻酸奶总在变换它的口味，提供特酸口味、不同颜色的酸奶，以及不同式样的外包装（比如能在黑暗中发光的包装）等等。

• **M&M 巧克力豆**(M&M's)。它拥有不同的口味和配方,如薄荷味、脆坚果味;不同的包装大小，如迷你装以及新推出的超大号装。这些都让这一庞大而经典的品牌焕发着持久的活力。

• **好时之吻**（Hershey Kisses）。对于 4i4l 消费者来说，它既是老品牌，又总能给人新鲜感。限时供应的新口味包括焦糖味、橘子奶油味，以及浓情樱桃味。

- 儿童美味餐（Kid Cuisine）。不同型号的鸡块餐、恐龙型号一口包型、史瑞克型、虫虫型等等。

- 卡夫马克罗尼意面（Kraft Mac'n Cheese）。新的意面推出了类似轮子的外观，同时有推陈出新的卡通人物，有海绵宝宝包装。

你现在应该了解了，一种口味、一种颜色、一种包装或配方都能让4i4l消费者找到"新事物"。

消费者促销

传统上，推行促销活动的主要目的是，在短时间内通过更多的购买试验或更大的购买量来增加销售额。但消费者促销也可以是为消费者创造新鲜感和兴奋感的绝佳方式。尤其对于孩子而言，一个已经被证实的说法是，孩子们会对包装上的促销信息十分关注，尤其是当这个信息是伴随着清晰而富有吸引力的图像展示时。

另外一个使用消费者促销来创造新鲜感的原因是，促销活动通常会让消费者对一个品牌拥有新的，很可能是更好的消费体验。我们的研究显示，消费者越是以不同的方式体验了一个品牌的产品，那么她就会对品牌越关注、越认同，从而成为该品牌的忠实消费者。

当向妈妈进行促销宣传时，一个黄金法则就是，与广告的要求一样，要顾及她的需求，尤其她是对简约生活和便捷度的需要。简而言之，帮助她成为一个好妈妈！

在4i4l消费者中见效卓著的促销活动

在这里，我们建议像其他的销售组合一样，你应该也运用你的洞见来辅助你的思考。我们在书中提供了一些启示，但愿读者可以从中得到一些借鉴，而其余的启发则要靠你自己的观察和研究获得。为了让我们更好地开始，我们先提供几个已经在我们的客户中收效良好的案例。

洞见：妈妈总以不同的方式取悦孩子，因此不同种类的，面向儿童的促销活动也会吸引妈妈的注意。

经过注册认证的，或富有娱乐性的包装促销是其中之一。一些包装上的经注册认证的独特卡通人物或电影人物会受到妈妈的欢迎，因为她们清楚自己的孩子喜欢哪个角色。在包装上放一个海绵宝宝的图片，妈妈们就能知道把它带回家孩子一定会喜欢。

其中的一个例子是立顿鸡面汤（Lipton Chicken Noodle Soup）。这款立顿鸡面汤需要一种新的方式来刺激它的销售，而这个产品的目标客户是 4i4l 消费者中年纪非常小的孩子，因此我们使用了公共电视台（PBS）热播的一档卡通节目大红狗克利福德（Clifford the Big Red Dog）（大红狗和大红盒子！）中的大红狗形象。克利福德被放在了每一包立顿鸡面汤包装的显要位置，而在公共电视台的大红狗克利福德节目中，则会有 15 秒的立顿鸡面汤广告时间。

克利福德狗的包装促销获得成功。立顿鸡面汤参加了沃尔玛零售娱乐（retailainment）的大型活动，商场用立顿鸡面汤的盒子建起了巨型的狗屋。这么多年来，该产品第一次获得专门的货架展示，以及立式支架展销。这样一来，它在货架的展示也有高水平的提升，因此妈妈们买进了更多！

洞见：妈妈时间紧迫，也有财政压力。

免费样品在吸引妈妈尝试你的产品方面效果不错。当我们向妈妈们询问她们最中意的促销策略时，这就是她们首先给我们的答案。

免费广告位的优惠券仍然是今天很多妈妈日常使用的东西。有 48% 阅读百货类广告的 X 一代妈妈表示她们定期使用优惠券。

不要对妈妈们使用需要花费额外工夫才能奏效的促销活动。许多妈妈根本不理睬返还或回扣促销，因为她们压根就没时间操心这些事。

洞见：妈妈看重人际关系和产品口碑。

提供加入公司专门问题小组的机会，为公司提建议或传播品牌的产品都是受妈妈欢迎的。同时，忠诚度奖励措施，只要不让她们长时间等待结果的（注意时间！），也会受到她们的欢迎。

通过使促销形式变得简洁、具有操作性，从而促进妈妈传播口碑。比如说，通过适当的方式提供一张优惠券，而妈妈也能够将这个优惠券带给朋友使用。同时，记住要在促销信息中加入网站链接、电子邮箱等其他相关信息。

运用口碑销售的一个案例是立顿秘密配方（Lipton Recipe Secrets，简称 LRS）与欢乐厨妇（Pampered Chef）（一个知名组织，通过主持厨艺联合会的顾问销售厨具）联合进行的营销活动。在这次促销中，妈妈可以向厨艺联合会的成员提问有关快速简易的做饭技巧（时间紧迫的洞见）。LRS 在厨艺联合会顾问展示期间提供了产品的免费样品，并派发了产品优惠券。LRS 在欢乐厨

欢乐厨妇使用立顿鸡面汤又一次庆祝了家庭最喜爱的快餐派对

The secret to a successful Kitchen Show—
a fresh idea that's quick and easy.

成功厨艺秀的秘密武器——轻松快捷的新鲜主意

妇组织中获得了较高的知名度和认可度，而反过来，这些顾问成为可信赖的 LRS 产品的口碑传播者。那些观摩并品尝了 LRS 顾问们的料理的妈妈们则成为真正的信徒。

洞见：孩子们喜欢互动以及权力感。

那些提供不同种类奖品的促销活动则大受孩子们的欢迎。在针对少年人群所做的不同促销测试中，排名遥遥领先的一项就是提供不同种类的奖品。试想孩子们不仅能想象赢回奖品的感觉，他们还有从中进行选择的权力，这该多么让人兴奋。

那些让孩子进行投票的促销活动也很奏效。我们曾有幸为儿童美味餐和卡通电视台设计了一个促销活动。孩子们可以任选一款德克斯特餐（Dexter）（心灵餐）或飞天小女警餐（Powerpuff Girls）（健康餐）。然后他们就可以上网为他们最喜爱的儿童餐投上一票。我们获得了令人满意的结果。孩子们投出了几万份选票。商场内的产品展示以及优惠券则从另一方面促进了高破纪录的销量。

洞见：男孩总归是男孩；女孩较为变通（但她们宁可是女孩）。

除非你有机会制作分别针对男孩和女孩的不同的广告（如之前谈到的德克斯特和飞天小女警的例子），或者除非你的产品或服务是只针对男孩或女孩使用的，否则促销活动的展开应该呈现出中性的特点。娱乐产品、电子产品、多数运动产品、卧室装饰、旅行计划，以及对青少年而言尤为重要的音乐，都是受到男孩和女孩同等关注的商品。午餐大厨（Lunchmakers）与任天堂以及它的新游戏大金刚（Donkey Conga）合作推出了促销计划。该促销计划是以包装促销的形式实施的，它为孩子们提供赢取 Gameboy 或 Playstation2 的机会。而让这一促销活动更令人兴奋的是，赢家们可以获得额外两台奖品与他们最好的朋友分享。记住，孩子们喜欢"归属感"，因此友情和分享是关键。这项促销被评为该品牌有史以来最强势的营销活动。

洞见：妈妈们想成为好妈妈，但同时也需要一点自己的空间／平衡。

扫荡计划（Sweepstakes）提供不同的家庭旅行计划，以及一些能让妈妈怦然心动的奖项，如 SPA 旅行、全年免费的洗浴产品或家庭清洁用品，这些都能让妈妈产生强烈的兴趣。

洞见：今天的妈妈受教育程度更高，是更精明的购物者。

那些采取名人代言促销策略的产品是受关注程度最低的，除非这种代言有非凡的意义！

洞见：你的 4i4l 消费者大多在上网。

重要的一点是，4i4l 消费者频繁使用网络的事实为我们打开了一个崭新、重要并且强有力的促销机会——这个机会既能满足妈妈们对简约生活的需要，又能满足孩子们迅速得到结果的渴望。例如，营销者可以在包装袋印上一些密码，告诉消费者们去一个特定的网站激活密码，以查看是否获奖。而孩子们尤其喜欢的是，包装上的密码、商场内的资料都能为他们的在线游戏带来更多点数，以及"更多权力"。可见，用这种方式使用网络促销能得到的好处很多。

新产品

最大的新鲜感来源于全新的产品。开发它需要大量的时间，引入市场要花费巨大的代价，而投入产品还要冒上极高的风险。但不管怎样，当产品获得成功时，所有的一切都是值得的！

这些年来，我们将自己体会到的开发新产品需要具备的成功基础用 RAMBO 来表示。它是相关度（Relevant）、吸引力（Appealing）、激励感（Motivating）、可靠感（Believable），以及可拥有度（Ownable）的简称。如果想让新产品走得更长更远，这些应该是它们最好都具备的特质。

相关度

要使新产品的理念与 4i4l 消费者密切相关，你应该首先确保它的理念是建立在牢固而真实的营销洞见上的。缺少实际而真实的启发，开发一项新产品就很难说是有意义的。

例如，面对这样一个洞见——"妈妈们都在为每天面临的挑战寻找解决方法，想尽可能让生活变得简单些"，一些公司受到了启发。成功的例子有：宝洁速易洁[1]、乐柏美大容量清洁推车（Rubbermaid's Storage Solutions）、格拉德强力保鲜膜（Glad's Press and Seal）。它们让妈妈的家居清洁、整理和储存工作变得更轻松。或者考虑一下这个洞见——"妈妈在寻找能促进孩子学习或娱乐的更简单的办法"，你可能会想到跳跳蛙的早教系列产品及其新上市的 DVD 光盘。

　　强生集团在调查今天的妈妈为孩子洗澡时得到了这样一个启示：妈妈们并没有专为幼儿准备的沐浴用品。市面上有类似的婴儿产品或儿童产品，但是妈妈们在孩子的幼儿阶段有着不同的清洁需要。这种产品仍然需要很温和，但是它应该拥有比婴儿产品更好的清洁效果。她们会想，"我希望有这样一种洗浴产品，能够让我更轻松地为家里的小宝贝洗澡，并且还能帮助我教给他一些基本的卫生习惯。"那么得到启发的结果就是，强生近期在全球范围内推出了新的强生幼儿个人护理系列。

吸引力

　　对孩子们而言，他们寻找新鲜感的过程就是让某一项或几项动机（追求乐趣、找到归属、获得权力、享受自由）得到满足的过程。满足这些动机的需要比提供任何新鲜的品牌特性要重要得多。孩子们在漫天遍地寻找新鲜事物的过程中，如果你恰好提供了一些，那么他们就很有可能会被吸引过来，前提是你开发的产品真实地满足了他们的某种需要。

　　可曾想过为什么一些儿童品牌诸如优冻酸奶（Go-GURT）、午餐大厨（LunchMaker）、芙特维 C 水果汁卷（Fruit by the Foot）、Gameboy 等获得了如此大的成功？随便看看任何一个超级儿童品牌，你就能发现他们满足了儿童各个方面的动机和需要。

　　但是请记住，你的洞见必须是真实的！

　　不久以前，我们曾为一家想要开发一种价格更高、营养含量更丰富的谷物能量棒的儿童食品公司提供咨询。而他们的想法是基于什么样的洞见呢？"我

1　译者注：P&G's Swifter，宝洁公司革命性的拖把和掸尘用具。

的孩子喜欢吃谷物能量棒，我希望市面上有我孩子喜欢的营养的谷物能量棒。"哈！妈妈们已经知道谷物能量棒的营养程度了——并且它们已经满足了妈妈们的要求，她们因而不会花更多的钱去买一个营养程度更高的产品。幸运的是，我们在短时间内进行的一项访谈调查让该公司意识到之前错误的想法，因此停止了这项产品的后续开发和投产。

此外，我们还要提醒的一点是，如果仅仅是你个人认为公司已经开发了一项能够满足某个儿童动机（譬如，追求乐趣）的产品，这并不等同于它实实在在地满足了孩子的想法。今天的孩子们既意识到各种不同的新产品、新乐趣的存在，同时他们也置身其中，很有可能你的新产品会跟不上他们的想法。或者，很有可能出现这样的情况：孩子们对你的这项有趣的新产品保持热度的时间不长，一旦有更新的产品出现，之前的产品就会被取代。还记得我们之前提过的亨氏绿番茄酱的例子吗？老天爷，它真的很有趣！孩子们往食品上挤绿番茄酱的过程别提多开心了。但是亨氏意识到他们需要让产品保有持久的新鲜度和乐趣感，紧接着又开发了新的番茄酱品种——这次是紫色的，然后又有下一次的推陈出新。孩子们会说："哦天哪，这个颜色太有趣了，那个新颜色更有趣……往食物上挤番茄酱已经不新鲜了！我想要其他更有趣的食品！"我的老天，他们有太多可以选择的东西。

激励感

在可靠的洞见之上开发一项新产品只是工作开始的第一步，因为我们都有目共睹，单从表面看来大多数消费者对自己目前拥有的产品已经很满意了。此外，由于妈妈可能迫切需要新产品带来的帮助，她们对于那些可能会浪费她们时间且没有效果的产品感到由衷的厌恶。孩子们有自己的难题。年纪较小的孩子不会冒险买他们不放心的产品——尤其是食品。还记得那个经典的米奇广告吗？"你试试吧。不，你试试。"它说的可是真的！青少年和少年们也有自己的一套标准。关键的一点是，你的新产品不会有损他们寻找归属、融入圈子和扮酷的需要。

因此，你的新产品是基于一个足够强大的洞见，还是能够解决妈妈或孩子（或他们两者）亟待得到帮助的一些问题？恰到好处的理念测试能够提供最好的答案。有了这些答案，你就能确定该为 4i4l 消费者提供何种刺激或保证以促进他们的购买。

可靠感

消费者们是否相信你的产品能给他们带来广告中提到的好处？信赖的产生可以源自于图像、感觉或其他感官信息的传递。例如，凯洛格（Kellogg's）的新产品虎力（Tiger Power）是一款健康的全谷物麦片，旨在帮助儿童更健康强壮地成长。它的品牌名称（基于卡通人物老虎托尼）——托尼的身份标识，以及凯洛格的品牌都让妈妈感到它是一个放心产品。

信赖还产生于理性而有效地体现产品的与众不同之处。凯洛格虎力麦片的营销也运用了这一点。虎力是唯一能够提供蛋白质、钙的全谷物麦片。要达到理想的可靠状态，就必须从情感和功能上体现出产品的与众不同。

对于年纪小的孩子而言，可靠感的产生会更容易。这个产品是为像自己一样的小孩子准备的吗？我是否看到了与自己年龄差不多的小孩子在使用这个产品？电视和广告会给小孩子们提供更多可靠度的保证。

可拥有度

到目前为止，你也许做对了每一件事。你已经开发出了一件很棒的新产品，它是基于一个思考缜密的可靠的洞见生产出来的。相关调查也表明消费者相信它能带来其宣传的效果，她也愿意购买你的产品。

而现在面临的一大问题是，"你可以拥有它吗？"你在广告中推出的产品特性是否也为其他品牌"所有"，如果是这样的话，你还想拥有这个产品吗？如果一家食品公司想要新推出一种营养丰富的谷物棒，那么这个产品背后的洞见是很有问题的，因为同类产品已经有很多了。一种营养丰富的谷物棒？还是试试桂格咀嚼燕麦条（Quaker Chewy Granola）或凯洛格营养谷物棒（Kellogg's

NutriGrain）吧。

即便你推出的新产品在市场上找不到其他品牌的同类产品，那么未来其他品牌是否能轻易地取代你呢？

我们曾帮助波登奶酪（Borden Cheese）推出了一个名为大片奶酪（Big Cheese）的新产品。该产品就受到了很强的启发。妈妈和孩子都希望有一种足够大的奶酪，只用一片就能覆盖住整块面包。孩子们喜欢这种新型奶酪，因为每咬一口三明治都能吃到奶酪。妈妈们也喜欢这款奶酪，因为她们在将三明治递给孩子时省去了放上两片奶酪的麻烦。波登的品牌和奶酪的大小从情感和功能角度提供了其与众不同的可依赖性。对包装人物以及电视广告的测试都显示出，产品能刺激消费者的购买愿望。但不幸的是，还有一家名为卡夫的公司！毫无疑问，它不能容许其他任何公司牢牢占据住奶酪市场的任何一部分。

大片奶酪投入市场以后，很快为波登奶酪带来了成功，直到卡夫集团认为是时候出手了。卡夫复制了相似的产品，降低了价格，并且用广告强力造势。而一山不能容二虎——走掉的是波登。波登无法保住自有产品的特性，因而被更强大的、占据市场头把交椅的卡夫公司横刀夺爱。

总而言之，可拥有度能从多个方面获得。与可靠度一样，可拥有度能够从品牌实力中产生的情感纽带，及其对某一特定消费者（儿童或成人）的特殊吸引中产生。也许，波登如果当时使用它的艾尔西奶牛（Elsie the Cow）作为大片奶酪的形象代言，效果会更好些。同时，可拥有度也源于对技术的独有。这样你就能够保护自己的产品，而不被其他产品所取代。

第十三章　不同寻常的 4i4l 消费者营销案例

我们现在已经知道，4i4l 超级消费者几乎存在并活跃于每种与家庭有关的消费品市场中。不过也有例外。譬如，严肃的医疗题材产品、金融投资以及税收。这些既抽象又复杂的事项是由父母基于全家的福祉考虑而单独决定的。但是在现今的情况下，许多较小的、较不危险的医疗护理产品则完全有可能受到 4i4l 消费者的左右——例如维他命片、止咳药、牙膏或止咳糖浆等等。

让我们花一些篇幅讨论一下，今天最精明的营销者如何在通常不涉及 4i4l 消费者的产品领域，采用 4i4l 营销获得成功的案例。

零售业

长久以来，零售业的营销者们只是单一地向妈妈们营销。除了商场内的广告和其他营销策略外，这是 20 世纪零售业的营销传统。许多零售商都将商场的布局和货架设计成能吸引妈妈的样式——而不怎么考虑那些与妈妈一同进入商场的孩子的感受。较典型的例子是，妈妈帮孩子挑选衣服，让孩子进入更衣室换衣服，换好后妈妈会决定好或不好，或者是再让他们去试穿她新挑选的衣服。

不过，时代已经不同了！塔吉特（Target）、厘米图（Limited Too）以及沃尔玛都开始认识到母子一起购物的事实。实际上，母子二人是在享受一起购物的过程。商场的不同货品部已经重新调整，以帮助母子二人最快地找到最喜欢的商品。一位妈妈和她的女儿走进了厘米图商店，小女孩看到商店里有她想要的东西而满心欢喜，妈妈则因为孩子开心而感到高兴。

塔吉特的心爱多蒂（Dottie Loves）品牌能让妈妈和女儿更轻松地找到适合小女孩的时尚饰品。最近一次去塔吉特，我听到了一位祖母与她的女儿（孩子的妈妈）的谈话："她（指小女孩）直接跑去看照相机了，真方便。"祖母这样说着，并将心爱多蒂相机放进了购物车里。塔吉特将整个心爱多蒂品牌的产品集中到一起，形成了一整面时尚而充满乐趣的货品区，其中整齐而有序地摆放着贮藏箱、货架以及挂件。很显然祖母已经问过小女孩想要什么样的礼物了，而塔吉特让每个人都收获了既轻松又满意的购物体验。

而最激动人心的一项面向 4i4l 超级消费者的营销方案正如火如荼地进行着，它的策划者既不是时装零售商也不是大众零售商，而是生活类电子产品零售商。

从 2004 年年底到 2005 年年初，百思买（Best Buy）向其市场部门（财务和商业市场部）透露了它即将采用的一套全新的商业模式：将商场化整为零，重新针对不同的消费者进行有区分地商业定位。它的项目——我们称为消费者中心项目，已经从部分试点商场逐步推广到全国的卖场。而百思买的这种消费者中心理念，就是为了从挑选商品、商场布局到员工服务上全方位地提升消费者的购物体验。

百思买确定了五类主要的消费者类型，其中一类与我们的 4i4l 母子消费者有一定的相似之处。它发现之前的模式能让 16 岁的男孩和早期的顾客感到满意，但是妈妈们却常常被遗漏在考虑范围之外。监管该项目的负责人南希·布鲁克斯在《广告时代》杂志的一篇文章中描述了他们考察到的现状，"许多妈妈们表示，她们来百思买只是被丈夫或孩子劝来提供参考意见。不是所有的妈妈都喜欢百思买的购物体验。"因此，从本质上来说，4i4l 消费者来到了商店里，但是购物的感受却不合心意，至少不是特别满意。

百思买将这一块消费者人群称为"吉尔（Jill）"。根据该公司的一份新闻报道，他们将这一部分的人定义为"忙碌的郊区妈妈，想为她的孩子们提供电子娱乐产品以丰富他们的生活"。百思买的确发现了今天 4i4l 母子消费者的一个重要特点。如果你只满足了其中一部分消费者（妈妈或孩子）的需求，那么你就丧失了全部的机会。而反之，如果你向他们中的两者都敞开大门，那么你得到的将是源源不断的收获。

那么百思买所做的事情是什么呢？正在进行的针对吉尔客户的一项购物提升体验包括了个人购物助理，在商场中心设置"儿童专属"区域，提供玩具和能供孩子娱乐的产品。商品将以特性和功能分类，取代了之前以品牌分类的做法。百思买的信念是，通过不同的改进措施，为妈妈和孩子营造一个更舒适、更愉快的购物体验。

休闲与旅游行业

妈妈们在制订家庭度假计划时会听取孩子的建议吗？答案是肯定的。我们在第五章已经提到，有 46% 的 2~14 岁的孩子曾帮助妈妈决定家庭度假目的地。全美育有儿童的妈妈总数共计 3400 万，我们可以轻而易举地得出 4i4l 消费者花费在旅游度假地、酒店、休闲场所和主题公园中的金额至少是在几千万甚至十几亿美元左右。

同时，不仅仅是度假地点的决定，甚至连到达度假地点以后全家人要做的事情也都取决于父母和孩子的讨论。2003 年西蒙斯儿童研究的调查显示，69%的孩子表示他们经常或有时有权力决定度假时全家人要做哪些事情。这意味着，只要全家人出门旅行，父母都希望孩子能玩得开心，并让他们去做他们想做的事情。父母询问意见，孩子回答，父母听取，从而全家达成了意见一致——这是典型的 4i4l 模式。

全美最受欢迎的两个度假主题公园——迪斯尼和环球，一直以来都清楚父母与孩子的互动能量。但在它们各自的发展历史上，也曾只是向孩子的父母宣传主题公园，依赖涓滴效应将信息传递给孩子，最终得到他们的认可或否定。现在公园增加了更多刺激的项目以吸引父母和年龄较大的孩子。现在，环球和迪斯尼两家公园在宣传中都更强调他们的景点和娱乐活动能为父母和孩子两者带来欢乐。与之相对应的是，之前两家公园的做法都是在广告中突出特有的卡通人物（如迪斯尼公司的米奇老鼠和朋友们、环球公司的神奇漫画英雄和尼克卡通人物）。

迪斯尼世界通过一项名为虚拟神奇王国（Virtual Magic Kingdom 简称 VMK）的大型多人在线游戏，向孩子传递迪斯尼主题公园的刺激和好玩。VMK 让孩子们以游戏的形式体验了主题公园的不同区域，同时还架起了孩子与品牌沟通的巨大桥梁。最终的结果就是，迪斯尼通过孩子之口将讯息传递给父母。

上图：虚拟神奇王国

雅各布船长：冒险乐园太棒了！

《虚拟世界评论》（*Virtual World Reviews*）赞扬了虚拟神奇王国这款游戏，评论称"游览者的虚拟世界体验能为现实世界的主题公园游览者带来补充和欢乐，这还是头一回"。文中同时还提到，弗罗里达州和加州两地的迪斯尼主题公园都有 VMK 虚拟中心，游客们可以对其进行访问，并得到一些特殊纪念品。游客亲自在 VMK

虚拟中心制作的人物可以得到一个特制的"公园出生"标记。

当度假的时刻即将来临，这些孩子已经与迪斯尼乐园建立起了深厚感情，因此4i4l家庭此行的目的地就毫无悬念了。

假日酒店（Holiday Inn）做出了一个大胆的举动以吸引妈妈和孩子——它推出了尼克卡通家庭套房。通过与尼克卡通联合，假日酒店从一家稳重、传统的酒店摇身一变，成为带给孩子及全家无穷乐趣的地方。它已不仅只是酒店这么简单，而是成为儿童和父母都感兴趣的度假

享受生活中的欢笑！

场所。酒店的特色房间是特别设计的，为了提升家庭入住的舒适度，其中的多房儿童套间既提供了父母的私人房间（超大房），又提供了带有双层床的儿童主题房间——每个人都有所收获。

我们发现，由于母子互动的增强和母子决策的影响，旅游业出现了与之相应的新举措，度假方式也发生了新的改变。从城镇旅游局到公园、博物馆，再到全国乃至世界各地的旅游度假地，4i4l消费者的满意就是大笔赚入美金的保证。

汽车产业

孩子的意见会对父母在交通工具方面的决策产生怎样的影响？一方面说来，在美国大多数州，孩子们的法定驾龄是 16 岁。因此，他们只是家用车或厢型车里的乘客，被家长们载往学校、足球比赛和商场——别忘了，还有度假目的地。不过他们真的只是乘客而已吗？让我们再次回到第五章已经讨论过的影响力研究，其中谈到有大约 40% 的妈妈表示在购车时会考虑孩子的想法。在大约 5200 万年龄在 2~14 岁的孩子中，40% 的概念意味着 2100 万个孩子会帮助选购家用汽车！我们保守估计平均每个家庭有两个孩子，那么 1050 万个家庭都处在受 4i4l 消费者影响的家庭购车模式。而平均一辆新车的售价大约在 20,000 美元，这将是一笔超过 2000 亿美元的消费！考虑到 2000 亿美元这个数字，汽车制造商会注意到 4i4l 消费者，并且在产品和理念上都顾及他们的需要。

这也是小部分精明的汽车制造商实际正在做的事情。在调查时，孩子们会告诉你他们对于汽车、厢型车以及 SUV 喜欢什么，不喜欢什么。显然他们也会对父母诉说同样的观点，父母可听着呢。在周六随便去任何一家汽车展销厅看看，你会看到孩子——许多孩子，与他们的父母一起。许多展厅很少会为孩子提供舒适的条件，孩子们经常被冷落在一边，独自与汽车玩耍，甚至还要遭受销售人员的眼色。意识到孩子们的到来，并且他们会在父母的陪同下不断地向展厅涌来，或许我们可以划出一个游戏区，里面摆放一些本品牌汽车的玩具模型。对稍大的孩子而言，可以在汽车内设计能在座椅上玩的电子或电脑游戏、特色汽车杯托，以及其他汽车配饰等。那么一款带有专为儿童设计理念的家用厢型车就设计出来了。这种能体现孩子重要性的宣传信息怎么样？就像百思买在电子零售领域所做的那样，汽车销售领域能够与 4i4l 消费者产生互动的空间也大有可为。

那么，有没有汽车制造商认识到这一点呢？当然有。两个极佳的例子就是丰田和雪佛兰。

丰田意识到，孩子对家用厢型车是否满意是妈妈十分关心的事。丰田所做的一则广告将这一理念解释得淋漓尽致。一些沉默寡言的工程师宣布汽车的设计团队已经抵达，他们为这些设计师开门，进来的是一大群孩子。整个广告中，孩子们不断以好玩的方式提出各种意见，而丰田的工程师则聚精会神地听。从杯托的数量和摆放位置，到不同的音响和温度范围，到后备箱空间（展示了能容纳一个小女孩的自行车的能力），孩子们提出了各种建议，而丰田则一一采纳。这则广告中最有趣的的是它既没有提及这辆车驾驶的感觉如

THE FIRST VEHICLE INSPIRED BY PEOPLE WHO WON'T DRIVE IT FOR YEARS.

SIENNA
EVERYTHING KIDS WANT. EVERYTHING YOU NEED.

GET THE FEELING　　TOYOTA

第一辆受孩子们灵感启发的汽车

何，引擎的动力如何，也没有说明它的悬挂或刹车性能如何好。妈妈真的如此看重孩子的想法吗？百分之百正确。我们为丰田能意识到这一点脱帽致敬。

据1999年8月的雪佛兰新闻报道，2000年年初，雪佛兰在母子市场中做了一次"大跃进"，它在新推出的车型中为地位不断提升的母子消费者提供了理想的旅行条件。他们与娱乐业巨头华纳兄弟合作，打造了他们称为"终极家庭代步机器"的品牌。2000年雪佛兰万程（Venture）生产线推出了第一辆华纳兄弟版车型。这是一辆高端价位，装置齐备，带有独特内饰，遥控整体音乐系统，

雪佛兰 Uplander 官方网站中显示的车载娱乐系统

以及为电子游戏玩家预备了液晶显示屏的迷你厢型车。全套装置还包括了"会员"独享的华纳商店光盘 /DVD 折扣，免费六旗主题公园（Six Flags Theme Parks）游及其他享受。

2005 年雪佛兰将万程迷你厢型车进行了设计改造，并将其更名为 Uplander。而在推出 Uplander 的同时，雪佛兰宣布了另一项独特的合作计划，这次的合作伙伴是尼克儿童频道和泛音[1]。在新的合作关系下，雪佛兰发表了一份大胆的宣言，宣称它将致力于为 4i4l 消费者提供一系列用户满意方案，包括在车内让孩子收看他们最喜欢的卡通电视节目以及进行电子游戏等娱乐活动。

Uplander 装有尖端的移动数字媒体播放器，能够为孩子提供尼克儿童频道、Noggin 和尼克卡通（后两者同属尼克儿童频道）等电视台的节目，以及卡普空（Capcom）及其他领先游戏公司的产品。雪佛兰 Uplander 的营销经理克雷格·斯克鲁格斯在一次新闻发布会上说："我们很兴奋能与具有尖端技术的科技公司及处在行业领先地位的娱乐公司合作，这让我们在汽车中成功地营造了让全家共享的数字娱乐世界。"雪佛兰对 Uplander 独特的设计方式让孩子们在车中也能享

1　译者注：PhatNoise，具备汽车音频领域创新技术的美国公司。

受到与家中一样的娱乐环境。这个新的移动环境同时还为父母们提供了更愉悦的驾驶体验。

家庭内部设计及装饰

让一个 5 岁大的孩子参与决定一项超过 200，000 美元的家庭消费，看起来不可思议？许多 4i4l 消费者的家庭可不这么想。黛博拉·斯诺·哈密斯通在芝加哥论坛报上讲了一个有趣的故事：

吉赛尔和那布想要建造一个新房子，他们最终确定了两种可行方案。吉赛尔喜欢其中一种，但那布却喜欢另一种。所以他们做了一个很自然的决定——他们让儿子内森来投这决定胜负的一票。内森和爸爸的想法一致，因此罗萨里奥一家在朱丽叶（Joliet）市诺依曼家庭住宅区建起来的就是这个模型。

"他的性格非常外向。他简直爱上了卡迪斯（模型）。"吉赛尔这样描述她 5 岁的儿子，"虽然我们的房子并没有什么特别的地方，但他却对它有感情。我当初想要另一个模型是因为它有一个阁楼。"

但是内森的影响并不止于此。他还积极地参与了对房间的部分装饰的挑选，如自己卧室的地毯、瓷砖、盥洗室和洗浴间的洗手台，甚至连厨房的瓷砖他都要过问。"我们感到他是特别的，是独一无二的。我们觉得让他参与进来很重要，他会一直记得我们让他参与过这些决定。"吉赛尔还说，"我们是一家人，所以我们应该都参与进来。"

黛博拉·斯诺·哈密斯通在文章中发现的是，今天购置房屋的父母们不会让关系到全家幸福的事情变成他们个人的决定——这是一个 4i4l 决定。我最近与一名有两个小女儿的爸爸进行了一次交谈，他由于商业发展的需要正举家迁往一个新城市。他谈到了他的女儿们在看新房时提出的又好玩又直接的建议——"我喜欢这个""我们要那个有泳池的吧"，而我最喜欢其中这样的一句"这屋子糟糕透了！"他观察到，如果女孩们喜欢一个房子，她们就会立刻上楼查看卧室怎么样。如果她们不喜欢这个房子，她们就会显得坐立不安，而且会感到无聊。而有趣的是，他对女儿们的反应都看在眼里，并且欢迎她发表任何意见。

想象一下，如果不仅考虑父母需求，而且也看重孩子的需求，那么这能为我们的新房屋建造者带来怎样的好处。一个在房屋中预留游戏室和供孩子娱乐的媒体中心的建造商，与另一个提供半完工的、传统的地下室或家庭娱乐室的建造商，谁会更受孩子的青睐？

在 4i4l 消费者决定购买新房之后会发生什么，是否要对现有的房间进行装潢呢？墙壁需要重新粉刷和贴墙纸，房间需要新的家具、灯具和装饰品。需要设计出包括浴室在内的整体风格，搭配好床单，以及其他艺术品。此时，我们再次发现，如今的零售商和制造商已经意识到传统消费者结构正逐渐发生变化的事实了。

新千年带来了许多新鲜和刺激的事物，其中一个就是第一家 PotteryBarn 儿童用品商店[1]，以及 PotteryBarn 青少年杂志（现在每本已超过 100 页）。零售商们已经在儿童及家庭用品领域扩大了市场供应，例如塔吉特等。这让妈妈和孩子能够更轻松地找到与自己相关的所需产品。一贯标榜严肃形象的伊森艾伦家居（Ethan Allen）也加入到这一日渐壮大的队伍中来。他们重组了儿童家具生产线，更名为 E.A. 儿童家居，以和孩子们沟通为宗旨，改变了过去家长包办家具的情况。商场里的售货亭也开始做起了一个有意思的买卖，它在节假日出售巨型的豆袋椅[2]。家长们很少会为自己买这种巨型的豆袋椅，由于它的定价并不低，孩子们也很少会花自己的钱购买。妈妈和孩子在这种情况下会进行沟通，然后共同作出决定。

普通家庭在孩子 5 岁的时候购置家具，并一直使用这套家具直到孩子们上大学。而家庭装饰则是后话，它们常常仅作为实用工具，或者只是单调地在墙上贴几张海报——不过这些日子已经一去不复返了，儿童卧室的内部装饰程度

---

1 译者注：美国知名儿童用品商店。
2 译者注：Bean-bag chairs，外形简单，以小球粒填充。

正在成比例增加。许多时候，孩子们在经历成长的过渡阶段时，它们就要被翻新一番，这会是妈妈和孩子都乐意见到的。比如说，从小学升初中，或从初中升高中，都能让妈妈和女儿或儿子聚在一起商讨出一个新的卧室面貌、新的装修风格，以及增加个人空间或相关物品（如孩子的个人手机、个人电视）的需要。

在 2002 年 10 月 18 日华尔街日报发表的一篇具有历史意义的文章中，作者提及了少年和青少年对于内部装饰的消费能力。该文章的作者莎拉·柯林斯，引用了本书的作者们曾预计的一个数值，写道"总体来说，这些年轻的设计者们在今年将花费大约 170 亿美元在居室的内部装饰上，这个数字差不多是 10 年前同等消费金额的 2 倍，这一项预算是由一家辛辛那提州的咨询公司奇迹组织得出的。他们从经营青少年服饰的德利亚斯（Delia's）零售店中得到启示，该店内的居家产品销量已经达到了总销量的 10%，比去年增加了 5 个百分点，并且 Pier 1 进口家具已经开始对高中生消费者提供折扣"。

我们大致估算出 8~18 岁的孩子（指在家而非住校的孩子）每年每人要花 386 美元来添置卧室里的家具：电子产品（电视、游戏系统、电脑）、家具、装饰、墙漆和墙纸。而这些开支是由他们自己、父母甚至是祖父母垫付的。不久以前我们收到了来自全美各地的记者的电话，他们想从消费者和商业者两方面获取更多有关这项新发现的消费市场的信息。毕竟，哪一家制造商或零售商不想获得这 170 亿美元的收入呢？我们告诉记者朋友们，这种现象并不仅仅发生在一个单一的商业领域，这个奇特的现象是因为有了一种新型的消费者才产生的——他们就是 4i4l 母子超级消费者。

作者简介

大卫·L. 西格尔（David L. Siegel，又名大卫·西格尔）

大卫拥有超过 25 年母子营销领域的工作经验。在宝洁公司、百时美施贵公司等企业进行了数年传统包装消费品营销之后，大卫转而进入广告和咨询领域，并发现了他所热爱的事业：儿童市场营销。

作为传统包装消费品领域首批意识到儿童营销潜力的营销者之一，大卫协助了数十家几乎覆盖各领域的公司感受进而发掘母子营销的潜力。他的众多客户中包括孩之宝（Hasbro），孩之宝、华纳－兰伯特（Warner-Lambert）、摩托罗拉（Motorola）、日本胜利株式会社（JVC）、波登化学（Borden）、金吉达（Chiquita）、库拉德（Curad）、珍宝珠（Chupa Chups）、婴芙乐、迪士尼、立顿（Lipton）、康尼格拉（ConAgra），以及宝洁等知名公司。

近些年来，大卫向一些公众组织如美国奥林匹克协会、百货工商业协会、色彩营销组织、学校家庭及办公室联合会、美国管理协会的一些部门，以及零售商业行会倡导了儿童营销的重要性。在全美地区乃至欧洲和亚洲的几乎每一场儿童营销会议中他都进行主持或讲话，他同时还分别是儿童影响力组织（KidPower）及儿童营销和广告组织（Marketing and Advertising to Kids）的咨询董事会成员。

1998 年，大卫与蒂姆·科菲，格雷格·利文斯顿共同创办了奇迹组织，专注于面向全美母子的广告和营销工作。

大卫与妻子珍，以及他们的孩子罗宾、亚当，劳伦和蒂芙尼现居辛辛那提。

蒂莫西·J.科菲（Timothy J. Coffey，又名蒂姆·科菲）

蒂姆是奇迹组织以及它的一个新的产品研发机构启力（LaunchForce）的CEO及董事长。他曾协助凯洛格/家东氏（Kellogg's）、柯达（Kodak）、锐步（Reebok）、亨氏（Heinz）、强生（Johnson&Johnson）、康尼格拉（ConAgra）等公司开发出面向儿童、少年、青少年以及他们的妈妈的成功营销项目。

蒂姆致力于他热爱的消费者行为研究已超过20年。早年他曾担任宝洁公司的市场调研员，他在工作期间发现了许多有关消费者在卫浴用品，家庭清洁用品和美容护理用品方面的消费习惯。

在宝洁公司担任品牌经理期间，通过对夏威夷宾治（Hawaiian Punch），阳光心情（Sunny D）等品牌的开发，蒂姆对母子营销的见解逐步加深。蒂姆还担任特百惠（Tupperware）的营销总监，他改进了品牌的形象及生产线，使产品受到更多年轻妈妈的欢迎。

让他感触最深的经历则是从每日的家庭交流中获得的。蒂姆和他的妻子吉尔有他们自己的"焦点小组"，由他们的四个女儿、19岁的莎拉、16岁的卡瑟琳、14岁的莎朗和9岁的伊丽莎白组成。

格里高利·利文斯顿（Gregory Livingston，又名格雷格·利文斯顿）

格雷格在早年供职于纽约的数家广告经纪公司时，获得了第一次有关青年和家庭的广告从业经历，包括雀巢（Nestlé）和西特马（Sitmar Cruise）的相关业务。经过了不同机构的工作，格雷格转入客户领域，担任LCA视觉矫正中心（LCA Vision）的副总裁达10年之久。LCA视觉矫正中心是一家医疗服务机构，它目前已发展成全国最大的激光矫正（现在被称为LASIK技术）中心。

在1996年LCA视觉矫正中心上市以后，格雷格又有了重新回归广告业的想法，之后加入了西伯/扬·罗必凯公司（Sive/Young & Rubicam），这时他与大卫·西格尔只有两间办公室的距离。在大卫强调青少年营销中的原则和精妙的不同时，格雷格也发现了自己对于青少年营销的热爱。

1998年格雷格与大卫离职，与蒂姆·科菲一起，三人共同创办了奇迹组织，格雷格曾参与许多公司青少年和妈妈专用商品的产品开发和广告宣传，其中包括孩之宝、爱儿糖果（Airheads）、奇基塔（Chiquita）、凯洛格/家东氏、锐步、康尼格拉、皮尔斯伯里（Pillsbury）、亨氏、强生和宝洁。格雷格与蒂姆和大卫一道，在全国的青少年论坛和企业的会议中进行主持或主题演讲。

格雷格的妻子保拉是一名诊所的儿科社工。他们的家庭有三个男孩，13岁的瑞恩、11岁的格雷厄姆以及4岁的伊恩。